Ma[...] + de[...]

[...] 289. a la fin.

Discours publics et éloges...
Par Louis-Bernard Guyton de
Morveau, avocat général au
Parlement de Bourgogne.
— Paris, 1775-1782, 3 vol. in-12.

F

AVERTISSEMENT.

LA plûpart des Discours qui composent ce Recueil, ont déja été imprimés séparément, & l'accueil favorable qu'ils ont reçu a déterminé l'Auteur à les réunir, & à y joindre trois autres piéces qui n'ont point encore paru. L'impression en étoit fort avancée dès la fin de 1773 ; mais il n'est pas toujours permis de proposer ses vues patriotiques, ni indifférent de rappeller quelques époques de notre Histoire ; & quand on a senti l'intérêt de contrâi... les opinions, la prudence est de ne rien épargner... Heu-

ij

reusement ces temps sont écoulés, & l'on peut dire aujour-
d'hui, comme l'Auteur dans
le début de la seconde Partie
de l'Eloge du Président Jeannin : *La face de la Terre est*
changée, un nouveau regne com-
mence, regne glorieux & paisi-
ble, qui doit effacer jusqu'au sou-
venir de nos disgraces, &c. &c.
Le paralléle est déja consacré
par les acclamations publiques.

La premiere Piece de cette
Collection est un Discours *sur*
la Diversité des Opinions, con-
sidérée comme le fondement,&
l'abus de la profession de l'A-
vocat ; il paroît ici pour la premiere fois, tel qu'il a été prononcé en 1765, à l'ouverture

des Audiences du Parlement de Bourgogne ; on en a seulement retranché, ainsi que des autres Discours du même genre, les éloges qu'il est d'usage de donner aux Magistrats & aux Avocats décédés dans le cours de l'année précédente, pour ne pas s'exposer à déplaire à quelques familles, qui auroient pu penser que ceux qui les intéressoient n'y étoient pas assez bien traités ; une sorte de répugnance à prostituer la louange, qui ne doit être que le prix des vertus & des talens, avoit décidé l'Auteur à annoncer, dès les premiers pas qu'il fit en cette carriere, qu'en répandant des fleurs sur les tombeaux de ceux que la

mort auroit enlevés au Barreau,
ſa main ſeroit toujours aſſez pro-
digue pour être officieuſe, toujours aſſez inégale pour être
juſte. Lorſqu'il prononça publiquement ces Eloges, il s'ac-
quittoit d'un devoir , & perſonne n'avoit droit de ſe plaindre de la ſévérité de ces principes ; il n'en ſeroit pas de même
s'il les publioit avant que le
temps eût entierement détruit
toute partialité d'affection.

A la ſuite ſont deux autres
Diſcours : l'un *ſur l'état actuel
de la Juriſprudence*, prononcé
au mois de Novembre 1767,
& imprimé en 1768 ; l'autre *ſur
les Mœurs*, prononcé en 1769,
& imprimé en 1770.

La *Lettre* qui termine le premier volume, a pour objet le
développement du Plan annoncé dans le second Discours pour
parvenir à rendre la Jurisprudence, simple, uniforme, universelle & constante. Plusieurs
parties de cette Lettre avoient
été écrites successivement en réponses à différentes personnes
qui avoient proposé des objections à l'Auteur ; elles furent
toutes refondues & rédigées de
suite en 1771, pour être en-
voyées à M***. & l'on a cru
devoir lui conserver cette date ;
mais il est bon d'avertir ici que
c'est par erreur que l'on y a
laissé subsister des expressions
qui placent à l'année précédente

a.iij,

une converſation de l'Auteur
avec M. le Préſident Hénaut,
elle eſt de l'été de 1768.

On trouvera réunis dans le
ſecond volume :

L'Eloge du Préſid. Jeannin.

L'Eloge de Charles V, Roi
de France.

Et l'Eloge de M. le Préſident
Bouhier.

Ce dernier eſt le ſeul qui n'ait
point encore paru ; le ſecond
étoit tellement défiguré par
les fautes d'impreſſion, qu'il
avoit fallu y joindre un long
errata, pour indiquer ſeulement
les plus eſſentielles. L'Auteur
y a fait auſſi quelques correc-
tions ; il a ſupprimé les expreſ-
ſions qui lui avoient attiré le

reproche d'avoir préſenté le Traité de Bretigny, comme trop favorable à la France, mais il a cru devoir conſerver une partie de ce morceau, parce qu'en ſe plaçant effectivement à l'époque qu'il retrace, il eſt très-vrai que cette paix *couta bien peu après tant de revers*, & qu'elle ne reſſemble en rien à la condition d'un vainqueur à ſon captif. On ſent bien qu'en général les événemens poſtérieurs à un Traité, ne prouvent pas qu'il fût avantageux ; mais il ne faut pas perdre de vue que ce fut l'inexécution des engagemens réciproques que le Monarque Anglois avoit contractés dans celui de Bretigny, qui remit

les armes à la main de Charles
V ; qu'ainsi, il ne fût pas tellement avantageux à Edouard,
qu'il ne préférât la guerre pour
en éluder les conditions, & que
ce fut en vertu de cette loi de
la réciprocité, que Charles V
se trouva en droit de reprendre
bien-tôt après les provinces qu'il
avoit cédées.

Quelques amis de l'Auteur
lui avoient conseillé de donner
à cette piece le titre d'Eloge
Historique, comme présentant
une plus juste idée de l'exactitude
avec laquelle les faits y font
rassemblés, & répondant à ce
qu'il y avoit lui-même exprimé
en ces termes : *Que l'on ne s'at-
tende pas à ne trouver ici que*

quelques traits réunis par l'art
d'un *Panégyriſte* ....., *Quelques
traits groupés avec le ſimple
crayon de l'Hiſtoire, feront naître plus de ſentimens d'admiration, que l'éloquence ne peut en
communiquer.* Mais les regles
qui ſéparent ces deux genres :
l'Eloge Hiſtorique, & l'Eloge
Oratoire, ne ſont ni aſſez pré-
ciſes, ni aſſez généralement
avouées, pour qu'on ne puiſſe
adopter arbitrairement, ſous ces
deux dénominations, le fond
de l'un & la maniere de l'autre ;
peut-être même que dans l'Eloge
Oratoire, il faudroit diſtinguer
encore celui d'un héros, d'un
grand Homme qui vient d'être
enlevé à ſa patrie, dont la vie

& les actions font préfentes à
la mémoire de tous, & celui d'un
Roi mort il y a quatre fiécles,
dont les vertus ne font connues
qu'à un petit nombre de lecteurs
qui fouillent les anciennes annales : On peut élever au pré-
mier une ftatue, fans la charger
d'attributs, elle eft attendue par
la vénération publique ; au lieu
que les trophées que l'on veut
ériger à la gloire de l'autre doivent repofer fur une bafe où
tout le monde puiffe lire les
droits qu'il s'acquit à ce culte
civique. Au refte, le titre importe fi peu au fuccès d'un ouvrage, que l'on n'a pas eu befoin
d'autre motif pour lui conferver
celui de la premiere Edition.

L'Auteur aura rempli le but qu'il s'y eſt propoſé, ſi la ſuite de faits qu'il renferme paroît former un tableau intéreſſant de la vie du plus ſage de nôs Rois; il ne pouvoit les puiſer dans une meilleure ſource, il les a recueillis en ſuivant ûn travail qu'il avoit entrepris ſur les anciennes Ordonnances.

DISCOURS

DISCOURS

Sur la diversité des opinions, prononcé à l'ouverture des audiences du Parlement de Bourgogne, le Jeudi 14 Novembre 1765.

AVOCATS,

LA noblesse de votre profession, les prérogatives dont elle jouit, les vertus qui la distinguent, les travaux qu'elle suppose, les talens qu'elle exige, semblent des sujets consacrés à la solemnité de ce jour ; & quel autre, en effet, pourroit mieux convenir à l'ouverture des audiences, qui sont le théâtre de votre gloire ? Quel autre plus naturel & plus fécond

Tome I. A

que celui qui fournit à l'orateur
l'occasion de parler des succès dont
il a été témoin, de relever des avantages dont il sent toute la justice,
d'exprimer des sentimens que réveille la seule présence de ceux à
qui il s'adresse ? Nous n'avons garde
de nous écarter de cette route ; mais
un objet différent, sans être étranger, nous occupe ; &, pénétrés
des mêmes sentimens en vous voyant
rassemblés, nous osons demander
quel est, dans l'ordre moral, le
principe d'une profession aussi belle,
aussi pénible, aussi nécessaire dans
l'ordre politique ?

La connoissance du droit est l'objet
de vos recherches ; la justice est le
fruit de vos lumieres : les passions
des hommes ont fait établir des loix;
l'application de ces loix a introduit
la nécessité de votre ministere: telles
sont les premieres idées qui se pré-
sentent à l'esprit ; mais elles-mêmes

ont une source plus éloignée ; elles
ont un principe commun , un terme
qui les généralise ; c'est la diversité
des opinions .... A ces mots , les
réflexions naissent en foule ; suspen-
dons-les un moment pour leur assi-
gner un ordre, ou plutôt , essayons
de resserrer un si vaste sujet. La diversité des opinions est tout à la fois
le fondement & l'abus de la profession de l'Avocat; en elle nous voyons
le type caractéristique de ses fonctions ; en elle nous appercevons un
écueil dont il a sans cesse à se défendre : bornons - nous à la considérer
sous ces deux faces , qui embrassent
tous les rapports qu'elle peut avoir
avec la Jurisprudence.

PREMIERE PARTIE.

La vérité n'est qu'une , & les opinions sont diverses. Quel coup d'œil
effrayant pour tous ceux qui la re-

cherchent ! Quelle trifte perfpective
pour le philofophe qui la contemple,
pour le phyficien qui l'épie, pour
l'artifte qui veut la fuivre ! Mais jufques-là, l'homme n'a à regretter que
les lumieres que cette incertitude
dérobe à la curiofité de fon efprit ;
il peut avouer fans honte des doutes
& des erreurs, qui n'arrêtent que le
progrès de fes connoiffances ; heureux s'il n'avoit pas encore à déplorer ceux qui égarent fon cœur, qui
alterent fes vertus, qui intéreffent
fa juftice ; c'eft-là que vient échouer
l'orgueil de cette raifon, qui le
trompe, puifqu'elle varie ; qui ne
lui enfeigne pas même ce qu'il doit
pratiquer, lorfqu'il defire le connoître ; & qui femble le livrer entiére-
ment à fes paffions, en juftifiant leur
ouvrage par la contrariété d'avis de
ceux mêmes qui ne les éprouvent pas.

On l'a dit, il y a long-temps, il
ne faudroit point de Juges, fi tous

les hommes étoient juftes; fi chacun vouloit fe faire juftice à foi-même , les Tribunaux feroient inutiles, & les interprêtes des loix ne feroient pas retentir tous les jours les voutes de ce Temple, de maximes qui fe contrarient, de propofitions qui fe détruifent , de prétentions qui s'entrechoquent. Mais d'où vient n'accufer ici que la volonté ? Arrêtez , moraliftes féveres; ceffez de confondre la caufe & l'abus ; ceffez d'accufer l'homme des vices de la fragilité humaine ; le vœu que vous formez eft impoffible : ne feroit - ce point anéantir toute propriété que d'en foumettre le partage à une équité, qui fouvent n'eft qu'apparente ; à un fcrupule qui furprendroit l'intention ? Eh ! qui pourroit exiger d'un citoyen, qu'il abandonnât ainfi fon patrimoine à la prétention de celui qui le lui difpute, tandis que, ni la voix de fa confcience, ni les

A iij

loix pofitives , ne lui tracent des
regles affez fûres pour concilier fon
intérêt & fon devoir ; tandis que ,
ceux mêmes qui ne s'en occupent
que pour les apprécier , font encore
indécis ? Qui pourroit lui preferire
ce facrifice ? S'il étoit affez généreux
pour l'offrir , cet aveugle défintéref-
fement ne ferviroit qu'à le rendre
la victime de celui qui l'accepteroit ;
fans avoir de plus fûr motif pour fe
l'approprier , & l'ordre n'en feroit
pas moins troublé. Il a donc fallu que
l'opinion de plufieurs fages levât ces
doutes , qu'elle fît naître une vérité
du conflit de deux vraifemblances
oppofées , qu'elle fît un titre de
bonne foi à celui qu'elle rendroit
vainqueur , qu'elle créât de nouvelles lumieres , & pour ainfi dire,
un droit nouveau ; mais cette opinion de la pluralité , lors même
qu'elle eftle plus exempte de paffions,
n'eft pas toujours univoque ; l'im-

partialité, toujours néceſſaire, ne
ſuffit pas toujours pour laiſſer appercevoir cette équité qui devroit frapper & réunir tous les eſprits.

Cependant, ſuivant l'expreſſion
de l'Orateur Romain, le droit eſt
établi par la nature & n'eſt point
l'ouvrage de l'opinion ; oui, ſans
doute, mais ſans la voix du cœur
qui l'atteſte, qui pourroit ſe rendre
à cette vérité, alors que le ſpectacle
du monde lui préſente par-tout l'empire de l'opinion, alors qu'il voit
les hommes diſputer encore ſur l'ordre & le nombre de ces loix primi-
tives dont ils avouent l'exiſtence ?
Ils nomment ces loix univerſelles,
ils les diſent empreintes dans tous
les cœurs par la condition de leur
eſſence, ils les appellent immuables,
& il n'en eſt aucune qui n'ait éprouvé
quelque contradiction; aucune con-
ſacrée par le conſentement général
des nations ; aucune qui n'ait été

A iv.

changée avec le temps, ou limitée
par l'efpace : le jour qui fuccéde à
l'autre voit naître des idées différentes du jufte & de l'injufte, & le
trajet d'une riviere ou d'une montagne change les notions du bien &
du mal. Quels font donc les caractères de ces loix que l'on ofe mécon-
noître ? Que font - elles devenues?
Seroient-elles oubliées ? Elles ne le
font point , elles fubfiftent & ne
peuvent être anéanties. C'eft du
moins une confolation pour celui qui
cherche la vérité, de s'affurer qu'il ne
pourfuit pas un fantôme, & qu'il eft
un fentiment infaillible qui peut le
guider fur cette mer de préjugés qui
l'arrêtent; oui, ces loix fubfiftent ,
mais elles ne font que des principes,
& l'opinion s'eft emparée des conféquences, la fociété a multiplié par fes
établiffemens les rapports& les applications ; la foibleffe de notre intelligence & l'aveuglement des paffions

ont produit les doutes & les erreurs.

De-là la néceffité des régles écrites pour affurer nos Jugemens , elles
font le fruit des méditations de quelques efprits plus vaftes , elles ont
pu n'être elles-mêmes dans l'origine
que des opinions , mais l'approbation générale leur a imprimé un ca-
ractère de vérité , mais la convention & l'autorité leur ont donné
force de loix ; en un mot, l'opinion
publique les a confacrées , dans la
crainte que l'opinion particuliere ne
s'égarât fans ceffe , & n'obfcurcît
toute lumiere en ramenant toujours
l'arbitraire ; elles ont été recueillies
par des citoyens qui ont fait profeffion de les connoître , & leur étude a formé la Jurifprudence.

Demandera-t-on après cela quelles font les caufes de cette diverfité
d'opinions qui nous étonne ? Nous
venons de l'annoncer : elles font
dans l'efprit qui fe trompe , elles

A v

font dans le cœur qui fe perfuade ce
qu'il defire ; l'efprit n'a pas toujours
affez de lumieres pour difcerner le
vrai, fouvent celles qu'il a acquifes
ne fervent qu'à l'en éloigner ; la vi-
vacité de l'appréhenfion l'emporte à
la fubtilité, ou le défaut de pénétra-
tion l'arrête à la premiere lueur qui
a pu le frapper ; ceux même qui font
d'égale force n'envifagent pas toujours les objets des mêmes côtés :
la conformité d'avis réfulte quelquefois de motifs oppofés, l'un s'affecte
de ce que l'autre ne voit qu'avec in-
différence ; celui-ci s'occupe de l'enfemble, celui-là s'attache aux détails,
un troifiéme croit entrevoir de nouveaux rapports, & tous abondent
dans leur fens : le premier Jugement
hazardé devient la caufe perfonnelle
de celui qui l'a porté, & la raifon
eft toujours prête à le juftifier ; car
qu'eft-ce que la raifon finon une apparence de juftice que chacun fe fait

à foi-même ? Qu'eft-ce que la raifon
fi elle peut-être diverfe fur le même
fujet? C'eft, fuivant l'expreffion d'un
Philofophe, un inftrument de plomb
& de cire qui fe prête à tout ce que
l'on imagine, qui fe plie, qui s'allon-
ge, qui s'accommode à tous les biais
que lui préfente la volonté ; il ne faut
que de l'adreffe pour le manier avec
fuccès felon fes vues. C'eft ainfi que
par le feul intérêt de l'efprit, par le
feul effet de cette émotion qu'il éprou-
ve en s'exerçant, l'opinion naît & fe
fortifie au point de ne retourner jamais volontairement en arriere, &
de ne céder qu'à l'autorité.

Ce progrès de l'opinion eft fur-
tout fenfible dans la profeffion de
l'Avocat, il n'eft d'abord aux yeux
de celui qui vient à lui, qu'un Juge
que la confiance choifit, qu'un tiers
que l'on confulte parce qu'il eft dé-
fintéreffé, qu'un fage dont on interroge la prudence, qu'un fçavant

A vi

dont on attend les oracles. C'est ainſi
que lui-même ſe conſidere avec raiſon pour conſerver cet équilibre
dont il a beſoin pour annoncer avec
certitude de quel côté le ſouffle de
la pluralité fera pencher la balance ;
il écoute le récit de ſang-froid, tout
lui paroît douteux, obſcur, incertain, difficile ; il ſent peut-être en
ce premier inſtant, qu'il lui ſeroit
indifférent de ſoutenir l'un ou l'autre parti, il voit le pour & le contre
dans un même dégré d'évidence ; il
voit égale facilité à le défendre ; il
héſite, ſa premiere réponſe eſt ti-
mide ; mais a-t-il préféré un ſentiment auſſi-tôt ſa volonté s'y inté-
reſſe, ſa prudence ne lui laiſſe plus
appercevoir qu'une voye, ſa ſcience
ne lui fournit plus que des preuves
ſans objections, c'eſt une nouvelle
lumiere qui l'éclaire, une vérité indubitable qui frappe ſon entende-
ment, & il n'eſt plus ſurpris que d'a-
voir héſité,

Si la feule illufion de l'efprit peut
produire autant de variétés dans les
opinions, que fera-ce lorfque les
paffions viendront groffir ce preftige
& gêner fon jugement ! C'eft fur la
diverfité même des opinions que
l'opinion a fondé fon empire ; qui
eft-ce qui oferoit contefter, fi le feul
intérêt pouvoit affoiblir le fentiment
du vrai, & nous éloigner du point
où l'impartialité réuniroit tous les
efprits ? Qui ne rougiroit d'avoir
éprouvé une condamnation s'il avoit
dû la prévoir, fi le fyftême de fes prétentions ne pouvoit paroître vraifemblable qu'à des yeux fafcinés par
l'avarice & l'ambition ? Mais la poffibilité d'un doute raifonnable a rendu tous les doutes poffibles & les a
juftifiés ; il n'eft point de principe
que l'on n'ait tenté d'affoiblir ; il
n'eft point de vérité que l'on ne fe
foit permis de contredire à certains
égards, on eft parvenu à les éluder

à force de les reſtreindre, on les a
pour ainſi dire, détruites à force de
les éluder, & la faveur des excep-
tions a offert une reſſource aſſurée
contre les règles que l'on ne pouvoit
combattre ouvertement; les paſſions
ont tout rendu conjectural ; nous les
voyons, ces paſſions, conduire en
foule les citoyens dans le parvis de
ce temple, la cupidité les anime, la
haine les enflamme, la diſcorde les
précéde en ſecouant ſon flambeau,
& l'opiniâtreté qui les ſuit, les empêche de retourner en arrière ; ce
ne ſont plus des doutes qu'ils pré-
ſentent, ce ſont des prétentions qu'ils
apportent, ce ſont des projets qu'ils
expoſent ; ils ne demandent point
des lumieres, ils cherchent des armes, & ils ne paroiſſent implorer la
Juſtice que pour faire ſervir ſa force
à leurs deſſeins. Ceux même que nous
ne devrions connoître que pour les
plaindre, ceux que la néceſſité de la

défenfe entraîne fur leurs pas , &
qui ne femblent devoir être confidé-
rés que comme les victimes de ces
paffions , en reffentent bientôt les
atteintes ; l'animofité aiguife dans
leurs mains le poignard de la ven-
geance , lorfqu'ils croyent ne s'armer que du bouclier de la Juftice.

Mais les paffions n'enfantent pas
feulement les opinions qui leur font
favorables , elles fervent encore à
les établir ; elles font fouvent les
motifs néceffaires de nos jugemens ;
Eh ! qui pourroit fe flatter de diftinguer toujours ceux qu'il croit être
l'effet de fon raifonnement ; ou qui
ne font réellement que la fuite naturelle de fon inclination ? tel eft le
charme des paffions : elles agiffent
fans fe découvrir ; elles fe gliffent
dans l'ame de l'Avocat ; elles l'animent , elles l'infpirent ; & revêtues
des couleurs qu'il leur prête , elles
pénètrent jufques dans le fanctuaire

de la Juſtice ; partout où il y a des
hommes, elles exercent leur empire.
La ſenſibilité eſt dans tous les cœurs ;
& la ſenſibilité eſt un aimant qui
attire tout ce qui l'approche ; diſons
plus, elle eſt néceſſaire au Juge ,
parce que l'équité n'eſt pas moins un
ſentiment qu'une lumiere. Le phi-
loſophe retrouve cette ſenſibilité
juſques dans les vertus qu'il admire ;
il n'en voit aucune ſans quelque mouvement du cœur, ſans quelque agi-
tation. La ſévérité eſt excitée par
l'indignation ; la prudence eſt l'effet
de la crainte ; la compaſſion produit
la clémence .... Quels reſſorts
pour ceux qui ſçavent les manier !
Quelle carriere ouverte à l'éloquence ! C'eſt ici que le Juriſconſulte devient Orateur : la conviction eſt
lente ; elle eſt froide , elle eſt rare ;
peu de vérités ſont ſuſceptibles de
démonſtration ; il abandonne le
deſſein de prouver ; il cherche à

intéreſſer , il s'efforce d'émouvoir ; il veut perſuader ; tous les cœurs de ceux qui l'écoute ſont dans ſa main ; & ſûr de l'impreſſion qu'il y veut faire , ſon triomphe ſeroit certain ; ſi l'on n'avoit à lui oppoſer les mêmes armes.

Plus le droit eſt douteux , plus cet art eſt néceſſaire , plus il acquiert de ſupériorité : Nous croyons à peine aujourd'hui ce que l'hiſtoire rapporte des combats judiciaires ; à peine conçoit-on que les loix ayent pu autoriſer les duels , pour juger les conteſtations ; qu'elles ayent pu légitimer le triomphe du plus fort ; qu'elles ayent fait-dé-pendre du ſort de ces combats , les intérêts des citoyens , la conviction du coupable , la juſtification de l'in-nocent. C'eſt ainſi que le Prince , lui-même , exerçoit & défendoit ſes droits ; & l'Officier qui réuniſſoit le double miniſtere de ſon Procureur

Général & de partie publique, ne soutenoit souvent l'un & l'autre que par l'épée du Gladiateur : Nous imputons ces désordres à l'ignorance des temps ; nos mœurs font moins barbares ; l'humanité a détruit ces champs clos , où le sang du plus foible , traçoit des oracles d'iniquité ; mais l'image d'un combat est-elle entierement effacée ? La palme n'est plus enfanglantée ; mais n'est-elle pas devenue le prix d'une lutte nouvelle ? Et qui pourroit se défendre de cette idée , lorfqu'il voit descendre sur l'arêne deux athletes pour y prendre la défense de deux intérêts oppofés ? La confiance de ceux qu'ils fervent n'eft pas moins en leurs talens, qu'en la bonté même de leurs caufes ; un zèle égal les anime ; ils ont époufé les querelles de leurs cliens , ils éprouvent leurs paffions ; tout ce que le raifonnement peut avoir de captieux , tout ce que le pathétique a de féduifant , tout ce que les formes offrent d'artifice , tout ce que la furprife peut donner d'avantage , tout eft employé ; il n'eft point d'hoftilités qu'ils ne fe permettent , point de reffources qu'ils n'épuifent , & le Juge qui les obferve , les fuit à peine dans la chaleur de la difpute ; il fe fent arracher malgré lui ce premier mouvement d'équité , préfque toujours infaillible , que le fimple récit lui avoit infpiré ; il eft entraîné tour à tour vers les deux partis , par cette docilité d'efprit qui eft le fruit de fon intégrité ; & après tant de viciffitudes , il ne peut enfin fortir de l'indécifion où elles l'ont jetté , qu'en cédant à la derniere impreffion , qui n'eft fouvent que l'effet de l'adreffe , & que le moment rend décifive.

Le choc des opinions par le raifonnement, produit quelquefois une

plus vive étincelle de lumiere ; au
contraire , le choc des opinions par
les paſſions , ne peut ſervir qu'à
rendre l'obſcurité plus profonde &
telle que tous ceux à qui l'habitude
de juger n'a point appris à ſe mettre
en garde , tous ceux en qui elle n'a
point réfroidi cette ſenſibilité qui
ſe précipite audevant de la perſuaſion , après avoir ſucceſſivement
penché de l'un & de l'autre côté ,
reſtent enfin dans un équilibre d'autant plus invincible , qu'ils ſe ſont
livrés avec moins de défiance aux
divers ſentimens que l'on vouloit
leur inſpirer. C'eſt ainſi que l'un des
plus grands Monarques qui ſe ſoit
aſſis ſur le trône François , deſcen-
dant de ce trône pour venir occuper celui de ſa Juſtice, aſſiſtant avec
un Prince étranger aux audiences
de ſon Parlement , ſe laiſſoit entraîner alternativement par les deux
Orateurs , & demeuroit enſuite ſuſ-

pendu entre deux fentimens qu'il
avoit adoptés fans réferve, & qu'il
ne pouvoit plus concilier : Eh !
comment auroit-il pu s'en défendre ? La bonté de fon cœur l'avoit
intéreffé pour un innocent, qui,
les membres encore mutilés par la
plus violente torture, venoit offrir
aux Magiftrats le tableau des dou-
leurs qu'il avoit injuftement fouffer-
tes, leur préfentoit les cicatrices
ignominieufes que lui avoit laiffées
le glaive de la Juftice, & leur
demandoit, en gémiffant, une
réparation contre celle qui l'a-
voit fait tomber fur lui ; mais fi la
voix d'Anne Robert avoit attendri
fur le fort de cet infortuné, quels
charmes l'éloquence d'Arnaud ne
prêtoit-elle pas aux larmes d'une
mere, qui voyoit accufer fa piété &
transformer les cris de fon défefpoir
en une dénonciation calomnieufe !
De quelles couleurs ne peignoit-

il pas toutes les circonſtances qui
avoient éveillé le miniſtere même
des loix, toutes les préſomptions
qui s'étoient élevées contre l'accuſé ;
ſa propre avidité & ſon imprudente
diſſimulation, qui avoient témoigné
contre lui, tandis que cette miſéra‑
ble mere, après avoir redemandé ſon
fils à la terre entiere, ſans interroger
perſonne, ne ſongeoit qu'à s'enfer‑
mer dans la ſolitude, pour s'épar‑
gner le ſpectacle déſormais accablant
pour elle, d'une mere jouiſſant des
carreſſes de ſon enfant. C'eſt ainſi
que le grand Henry demeura partagé
entre un accuſé qu'il voyoit exempt
de crime, & une accuſatrice qu'il
voyoit exempte de calomnie ; & il
ne pouvoit ſe réſoudre à former un
jugement qui ne devoit ſoulager
l'infortune de l'un qu'en redoublant
celle de l'autre : c'eſt ainſi que les
mêmes paſſions, maniées avec art ,
agitent les hommes en ſens contrai‑

res ; en vain ils s'arment de la prévention de l'impartialité, contre la
prévention de la faveur ; en vain
ils ferment une oreille, comme Ale-
xandre, pour écouter l'autre partie ;
en vain ils laissent, si l'on peut le
dire, un côté de leur cœur accessible
à d'autres impressions ; la cause dis-
paroît, on l'écarte ; mais l'empreinte
subsiste & ne s'efface pas ; l'éloquence triomphe ; elle est dans cette nouvelle lice, ce que la valeur est dans
les Champs de Mars ; celle-ci fait les
decrets de la fortune, celle-là force
les oracles de la Justice, & toutes
les deux rendent leurs succès légitimes, par cela même que l'on ne
peut leur résister. Qu'il est beau
d'exercer cet empire sur les esprits !
Tel est le but de la profession de
l'Avocat : La diversité des opinions
est le principe de ses fonctions, & sa
gloire est de regner sur les opinions ;
sa gloire est de les réunir, & par

le jour qu'il répand fur des vérités
obfcures, & par les fentimens qu'il
fait naître. Ne ceffez donc d'employer ces armes toujours victorieu-
fes pour la veuve que l'on opprime,
pour l'orphelin que l'on dépouille ;
ne ceffez d'élever votre voix pour
venger l'innocent qui fouffre, pour
démafquer le calomniateur qui per-
fécute ; foutenez le foible contre le
puiffant qui l'accable ; défendez la
bonne foi des rufes de la chicane ;
n'ouvrez la bouche, enfin, que pour
faire triompher la Juftice : par - là
vous acquérerez, pour vous-même,
plus de droit à la victoire, parce que
le premier coup d'œil de celui qui
écoute, fe porte malgré lui fur les
mœurs de celui qui parle ; vos talens n'infpireront pas une admiration
ftérile, & ce fentiment, mêlé d'effroi, que l'on donne aux conqué-
rans, qui renverfent ce qu'ils auroient dû refpecter; & vous con-
ferverez

serverez cette estime, que la société
n'accorde qu'à ce qui est vraiment
utile ; mais il est un terme où ce zèle
doit s'arrêter ; il est un terme au delà
duquel la diversité des opinions ne
peut être qu'une erreur volontaire,
qu'un piège tendu à l'équité, qu'un
véritable désordre ; essayons d'en
tracer les caractères, en la considé-
rant comme l'écueil de la profession
de l'Avocat.

SECONDE PARTIE.

LA diversité des opinions est un
abus des fonctions de l'Avocat, ou
plutôt elle est la possibilité d'en abuser ; car, nous ne pouvons employer
plus long-temps cette expression,
sans en limiter le sens ; ce seroit mé-
connoître aujourd'hui cette probité
sévère, cette délicatesse scrupuleuse,
que nous avons toujours reconnu
faire partie de l'esprit de votre Corps ;

Tome I. B

mais, ne craignons point de le dire, après avoir expliqué notre penſée ; ne craignons point d'approfondir ce ſujet, & de faire appercevoir des écueils dans la carriere que vous courez, puiſque leur perſpective ne peut ſervir qu'à la louange de ceux qui les évitent.

Toute opinion a une opinion contraire ; ſans cela elle ſeroit une vérité indubitable : ainſi, il ſuffit que l'opinion exiſte pour juſtifier ſon exiſtence, & il ne faut d'autre titre, pour légitimer la fermeté avec laquelle on la ſoutient, & les efforts que l'on ſe permet pour la faire triompher, que la confiance même qu'elle inſpire à celui qui l'a conçue: c'eſt un principe qu'il faut admettre, autrement toute erreur ſeroit un crime ; & comme des deux ſyſtêmes contradictoires, qui forment toute conteſtation, il y en a toujours un néceſſairement injuſte, les actions du barreau ne ſeroient pas moins péril

leufes que ces combats, que la loi
ripuaire autorifoit du temps des Ra-
chimburges, puifque fi l'avoué rif-
quoit fa vie, l'Avocat compromet-
troit évidemment fon honneur.

Mais jufques-là, jufqu'à ce point
qui fépare irrévocablement l'utilité
de l'abus, jufqu'à ce point qui diftingue les caufes que l'on peut défendre de celles que l'on doit refufer ; quel efpace immenfe n'avez-
vous pas à parcourir ; que de doutes
raifonnables, que d'affections per-
plexes ne vous refte-t-il pas à décider ? Ne parlons pas même de ces
caufes que l'on n'entreprend que
dans l'ignorance des conventions
précédentes, qui doivent les décider, & que l'on ne foutient enfuite
que parce qu'on les a entreprifes ;
de ces caufes qui après s'être long-
temps groffies entre les mains des
Praticiens, trouvent tout - à - coup
une folution fans réplique dans un

paſſage moins habituel de la collection immenſe du Droit ; de ces cauſes enfin , qui ne conſervent plus
rien de contentieux , dès que le choc
de l'audience a démaſqué l'artifice
d'une partie qui en avoit impoſé à
ſon conſeil ; ne parlons que de celles
qui , ſans aucun de ces événemens ,
laiſſent encore le champ libre à la
diſcuſſion , ou qui du moins ſont de
nature à éveiller ce ſcrupule qui
vous avertit de ne pas conſeiller lé-
gérement un ſacrifice. Quelquefois
le droit eſt obſcur , la queſtion eſt
neuve , il faut une loi nouvelle ; le
zèle qui vous anime n'eſt qu'une oc-
caſión d'en développer les motifs
aux yeux de ceux en qui réſide l'autorité ; là l'équité ſuccombe ſous les
formes , & qui pourroit refuſer de
la ſervir ! Le deſſein en eſt louable,
lors même que le ſuccès eſt le plus
incertain ; ici les faits ſont déciſifs,
& les faits ne peuvent être établis
que par des conjectures ; la préſomp-

tion de droit détruit souvent la pré-
fomption de fait, & ce conflit laiſſe
de part & d'autre égale liberté de
les faire valoir. Dans cette cauſe
c'eſt la lettre du titre qui fait votre
confiance ; dans cette autre vous
oppoſez l'eſprit à la lettre ; dans
celle-là vous argumentez avec force
du texte de la loi, dans celle-ci vous
adoptez le commentaire qui la modifie ; tantôt vous cherchez à tem-
pérer la rigueur de la régle par la
réunion des circonſtances ; tantôt
cette rigueur vous arme de tous les
motifs impérieux qui l'ont fait établir pour prévenir de plus grands
inconvéniens : il eſt des cauſes même
qui ſe ſoutiennent encore par une
ſorte de faveur, lorſque le droit
ſemble les abandonner. Ce ſont celles où il ſeroit peut-être honteux de
de ſe rendre avant que d'avoir été
vaincu ; car les préjugés de nos
mœurs ne ſont pas toujours exacte-

B iij

ment conformes aux principes de
notre morale ; ce font celles d'une
femme qui demande à conferver ce
titre, qui ne peut confentir à porter
celui de concubine ; celle d'un enfant qui réclame un état dont les loix
femblent le priver ; celle d'un héritier du fang qui querelle un tefta-
ment inoficieux ; ce font celles fur-
tout où la Juftice ne met dans fa balance que le glaive, dont l'objet eft
d'affoiblir ou de retarder la conviction d'un malheureux qui , même
après cette conviction, intérefferoit
encore l'humanité par le repentir ;
car quelque néceffaire que foit la févérité des loix pour maintenir l'ordre, puifque ces loix n'ont pas étendu
à tous les citoyens le droit de venger
la fociété, elles n'ont point voulu fermer tous les cœurs à la compaffion.

Mais s'il eft toujours permis de
faire entendre les cris de l'humanité,
quel barbare oferoit élever la voix
d'un accufateur contre un citoyen

dont l'innocence lui feroit connue?
Qui pourroit consentir à devenir
complice d'une paffion auffi abomi-
nable? Comme il n'eft point de couleurs qui puiffent juftifier cet attentat,
il n'y en a point d'affez fortes pour
en exprimer toute l'horreur.

Le Juge cherche le vrai, difoit le
Prince de l'éloquence ; & la vrai-
femblance fuffit à l'Avocat ; mais le
vraifemblable a des bornes : il en a
que la nature a marquées par le fentiment intime, qui tient un langage
uniforme à tous les cœurs ; il en a
que l'autorité a établies, que la convention a placées, que l'ufage a
prefcrites ; & loin qu'il foit permis
de les enfreindre, c'eft déja une témérité répréhenfible aue d'entreprendre de les reculer, en abufant
de la diverfité des opinions. Cette
diverfité qui, dans l'accufation des
crimes, peut affecter la qualité des
preuves & le genre des peines,

s'arrête tout-à-coup lorsqu'on confidere l'action en elle-même; elle cède
au foulevement que produit le for-
fait, & ce feroit attirer fur foi-même
cette indignation, que de chercher
à le juftifier ; ce feroit attaquer de
front la nature & la loi, & , livrant
fon ame à la vénalité, faire publiquement trafic de menfonge. En vain le
meurtrier de Geta ordonne à Papinien de faire l'apologie de ce fratri-
cide ; c'eft l'Empereur qui le lui
commande; mais un Empereur peut-
il exiger le facrifice de fa vertu ? Il
n'eft point ébloui de fa puiffance ;
fes promeffes ne le tentent pas, fes
menaces ne l'effrayent pas ; ce Jurif-
confulte réfifte avec courage ; la
crainte de la mort ne peut le faire
foufcrire à cette lâcheté ; & il la
fouffre fans regretter une vie qu'il
n'eût pû conferver qu'en la désho-
norant. Bel exemple ! non pas digne
cependant de cette admiration qui
fait envifager de loin un héroïfme

dont on ne rougit pas de s'avouer incapable ; non, cette résistance fut un devoir, & nous ne lui devons d'autres louanges que celles que l'on accorde à une action qui n'est grande que par l'événement & le danger, à une action que les circonstances ont rendue pénible, mais que la vertu ordonnoit. Eh ! qui ne conçoit qu'il dût être plus facile à Papinien de braver le courroux de Caracalla, que de démentir tout-à-coup, par une opinion honteuse, son caractere, ses mœurs, ses écrits & sa gloire? Puisse ce trait mémorable rester à jamais sous les yeux de celui qui croiroit devoir à la considération ; ce que sans elle il auroit refusé à la cause, qui seroit assez foible pour se laisser commander un avis, & pour sacrifier la liberté même de sa pensée à une crainte pusillanime, ou à une basse adulation !

Les contradictions de l'Avocat

font de nouveaux abus de la diverfité des opinions , qui en rendent le danger plus fenfible & les exemples plus frappans. Il y en a , fans doute , beaucoup qui ne font qu'apparentes ; parce que peu de caufes fe reffem- blent , & que , comme le difoit le grand Dumoulin , la plus petite diffé- rence dans le fait , produit une très- grande différence dans le droit; mais cette exception n'eft que pour ceux qui fe renferment exactement dans les circonftances particulieres ; & qu'il eft difficile de ne pas chercher encore à les fortifier par des princi- pes généraux. C'eft cette pente na- turelle qui entraîne fur-tout dans des contradictions : on entend le même Orateur, en différentes occa- fions , exagérer la mauvaife foi des tuteurs & l'ingratitude des pupilles; on le voit foutenir fucceffivement la liberté des difpofitions teftamentai- res & l'utilité des loix , qui gênent cette liberté : on l'entend, dit un écrivain du siecle dernier, on l'entend plaider alternativement pour un mari contre sa femme, & pour une femme contre son mari ; il se livre à son imagination ; il ne parle dans le premier plaidoyer que de la puissance maritale ; il la fonde sur la nature, sur la raison, sur les livres sacrés ; il cite les Jurisconsultes ; il déclame contre les femmes, & ne raisonne que sur des propositions universelles : peu de jours après, il prend un autre texte ; il adopte des maximes opposées ; il traite d'usurpation l'autorité des maris ; il parcourt, en faveur des femmes, la sainte écriture, l'histoire, la morale, le code ; il raisonne encore cette fois sur des principes universels : car un esprit véhément ne croit rien prouver s'il n'affirme, ou s'il ne nie, sans exception ; &, par conséquent, il se contredit dès qu'il s'engage à soutenir différents intérêts.

B vj

Ne le dissimulons pas cependant ;
les plus grands Orateurs de l'antiquité n'ont pas cru devoir se reprocher
des contradictions ; ils les regardoient comme inévitables, & les
justifioient par la raison de la diversité du temps & des causes. Telle fut
la réponse de Lucius Crassus, quand
Brutus, son adversaire, fit réciter
au Sénat, par deux lecteurs, deux
passages contradictoires de ses harangues. Marc-Antoine avouoit
qu'il ne vouloit publier aucun de
ses plaidoyers, afin de ne pouvoir
être convaincu d'avoir dit en une
cause ce qui seroit contraire à ce
qu'il diroit dans une autre. Cicéron
n'eût pas des principes plus sévères
albu que Crassus, il se vit opposer à
lui-même sa propre autorité, & il
ne craignit pas d'avouer la contradiction ; toute l'action de l'Orateur,
disoit-il, est fondée sur l'opinion &
non sur la science : les propositions
qu'ils y feroit affirmer, comme

philofophe, à moins qu'elles n'euſ-
ſent l'approbation du lycée ; le fait
que je n'oſerois avancer comme hiſtorien, je les ſoutiens comme avocat :
ce n'eſt ni un témoignage, que je
porte, ni mon ſentiment que j'ex-
prime ; ce ſeroit une erreur que de
le chercher dans mes harangues :
ce n'étoit point mon langage, c'é-
toit celui de la cauſe ; c'étoit ce
que la cauſe eût dit elle-même,
ſi elle eût pu parler ; c'étoit ce que
je devois dire dans ce temps, puiſque j'étois chargé de ſa défenſe. Et
comme les hommes ne penſent pas
toujours de même ſur les mêmes
choſes ; comme lorſque je plaide
contre Craſſus : il faut que l'un
de nous ſe fonde ſur l'erreur : il
eſt de même néceſſaire que nous
ſentions en différens temps div
opinions ſur le même ſuje
qu'il ne peut y avoir qu'u
Cette liberté, ſelon lui
idence ph

la raison des tems n'eſt plus écoutée
avec la même indulgence : le ſçavant
Balde voulut s'en faire un bouclier
contre la critique, elle ne ſervit
qu'à prêter contre lui de nouvelles
armes : le célébre Erard y eût recours dans la cauſe Mazarin , &
toute ſon adreſſe ne put le diſculper
de s'être mis dans le cas d'en avoir
beſoin ; elle a fait parmi nous la
même impreſſion ; & cette défaveur
l'a forcé de diſparoître ſans retour.
Un préjugé plus vrai la remplace ;
ce préjugé , qui a ſa ſource dans la
droiture du cœur ; ce préjugé qui ,
comme tous les autres , eſt ſur-tout
l'ouvrage de ceux qui l'adoptent , a
rendu à la vérité ce reſpect , qui
ne permet pas de contredire ce que
l'on a une fois donné pour elle ;
il a proſcrit cet abus qui la rendoit en
quelque ſorte le jouet de l'opinion ;
il a confondu le langage de la cauſe
& celui de l'Orateur ; ce dernier
n'a plus oſé entreprendre de perſua-

der, que ce qu'il pouvoit au moins
préfenter fous l'apparence du doute,
fans trahir la fincérité de fon cœur.

Arrêtons - nous encore ici quelques inftans pour mettre dans un
plus grand jour tous les défordres
qui naîtroient d'une conduite op-
pofée ; ajoutons les dernieres couleurs à ce tableau de l'abus de l'o-
pinion ; & pour le rendre plus fenfible, ofons le fuppofer à fon dernier période, ofons feindre un
moment qu'un orateur, c'eft-à-dire
un homme vertueux & éloquent,
fe permette de défendre une caufe
qu'il croira mauvaife ; qu'il fe permette d'avancer ce qu'il fçaura
n'être pas vrai, d'affirmer ce qu'il
fentira n'être pas raifonnable, de
foutenir une prétention dont il
connoîtra l'injuftice. . . . . : Quel
contrafte avec le titre qu'il fe donne,
avec la probité qu'il annonce !
Mais laiffons ce qui ne peut être que
fenti ; exprimons, s'il fe peut, tou-

tes les suites funestes de cette action.
Au bruit de sa témérité, la mau-
mauvaise foi sort des ténèbres, la
chicane enhardie se réveille, les
passions les plus honteuses levent
le masque : le plaideur opiniâtre
reprend courage, le méchant raf-
suré se livre à sa fureur ; il osera
désormais tout ce que lui suggerera
sa cupidité, il est sûr d'avoir un
apologiste, il ne craint plus d'essuyer
ce refus humiliant, qui tant de fois
l'a fait rentrer en lui-même, qui
tant de fois lui a fait lire l'indignation dans le silence de celui dont il
réclamoit le zèle ; le désespoir de
trouver un défenseur, ce désespoir
qui met le sceau à la gloire de ceux
qui le font naître, n'arrête plus ni
le débiteur perfide, ni l'oppresseur
barbare, ni l'usurpateur puissant ;
un exemple dangereux a brisé ce
frein de l'iniquité : elle triomphe ;
les Loix ne sont plus assez redouta-

bles pour soutenir la confiance du
Citoyen qui les respecte, & tout
ordre a disparu.

Suivons-le cependant cet Orateur
jusques dans le temple de Thémis :
il y marche accompagné de cliens
à qui il a promis l'impunité, eux
seuls peuvent s'intéresser à ses succès ; à son aspect le malheureux
s'écrie : voilà le véritable auteur
de mes alarmes ; déja sans lui mon
bien me seroit rendu, & j'en joui-
rois paisiblement ; car quel autre
eût voulu prêter sa voix à la mauvaise foi de ma partie ? Non, il ne
triomphera pas ; l'œil pénétrant des
Magistrats percera le voile dont il
va couvrir la vérité, & il ne rem-
portera pour tout fruit de cette
odieuse tentative, que la honte &
l'opprobre. D'où lui vient cependant cette assurance qu'il témoigne ? Puisque sa confiance n'est pas
dans la justice de sa cause, puisqu'elle n'est pas dans l'opinion qu'il

en a , elle eſt donc dans les moyens
qu'il ſe propoſe d'employer ; qui ne
frémiroit à cette réflexion ? Prouver
ou tromper , perſuader ou ſéduire ,
ſont des extrémités bien oppoſées ,
mais qui ſe touchent ; & qui pourroit répondre de les diſtinguer toujours ? Oh ciel ! Armes cette fois les
Juges qui l'écoutent d'une ſalutaire
prévention , qui les mette ſur la
trace de l'artifice ! Qui ſçait s'il
ne triomphera pas ſans cette défiance ? Qui ſçait s'il ne ſurprendra
pas quelque aveu à la bonne foi de
ſon adverſaire ? Quel parti ne tirera-
t-il pas de ſon embarras, s'il n'a pas
prévu toutes les tournures inſidieu-
ſes qu'il a méditées ? Qui ſçait s'il
ne parviendra pas à faire prendre
le ſilence de l'étonnement, pour le
ſilence de la confeſſion ? Qui ſçait
enfin , ſi en ſe permettant tout, il
ne forcera pas la bouche de l'homme
juſte à prononcer contre la Juſtice ?
Quelle victoire ! Se peut-il qu'il ne

la déplore pas lui-même ? N'en dou-
tons point, l'orgueil eſt ſur ſon front,
mais l'amertume eſt dans ſon cœur;
c'eſt envain qu'il détourne la vue,
le ſpectacle du mal qu'il a fait, vient
ſe placer malgré lui ſous ſes yeux;
il invoque l'opinion des autres pour
juſtifier celle qu'il n'a point eu; il
cherche un appui dans l'autorité des
jugemens; il traite ſon ſcrupule de
folle préſomption, & ſa conſcience
réſiſte à cette illuſion ſophiſtique;
elle lui crie ſans ceſſe, que cette
opinion n'a pu entraîner que ceux
qu'il a trompés; elle lui préſente
ce jugement comme l'ouvrage de
ſa méchanceté, comme l'effet d'une
ſurpriſe qui lui eſt perſonnelle; mais
tandis qu'il reſte ſous le poids d'un
remords infructueux, le malheureux
gémit ſous le poids de l'infortune où
il l'a plongé.

Que l'on ne penſe pas que ces
déſordres n'exiſtent que dans une
imagination que le zèle échauffe, &

à qui l'effroi même exagere les objets ; les législateurs de tous les tems
les ont apperçus, & ils ont cherché
à opposer une digue à cet abus de
la diversité des opinions. On pensa
à Athènes que dans l'administration
de la Justice, on ne pouvoit être
assez en garde contre l'éloquence ,
elle fut bannie de l'Aréopage ; l'ancien droit Romain prononçoit des
peines pécuniaires contre les plaideurs de mauvaise foi ; Justinien ordonna que l'Avocat affirmeroit par
serment qu'il croyoit sa cause juste ;
les Loix Germaniques remplacerent
cette précaution par une sévérité
excessive, qui alloit jusqu'à infliger
pour la seconde fois des peines capi-
tales ; les Ordonnances de nos Rois,
quoique moins rigoureuses, ne sont
pas moins expresses dans cette prohibition ; & comme l'a remarqué
un sçavant Jurisconsulte ; le serment
qui se renouvelle tous les ans , s'é-
tend à tous les actes qui le suivent ;

& tient lieu de celui que le droit
écrit exigeoit à chaque playdoyer.

Mais pourquoi rappeller ces régles & ces usages ? L'ordre n'est jamais plus solidement établi que par
les mœurs ; les Loix ne sont jamais
mieux observées que quand leur
frein est pour ainsi dire devenu in-
sensible ; que le tems où le remede
est tombé dans une sorte d'oubli,
se glorifie donc d'un juste avantage
sur celui où le mal l'avoit rendu nécessaire ; qu'il travaille seulement à
le conserver. Continuez d'affermir
par vos principes & par vos exemples cette vérité si importante au
bien public ; que la profession de l'A-
vocat n'a point été introduite pour
faire gagner la cause de son client
par toute sorte de voyes, mais pour
éclaircir le droit, & procurer la
Justice à ceux qui sont sans science
pour la connoître, & sans voix
pour la demander ; continuez de re-
fuser inexorablement votre zèle à

tous ceux qui ne le follicitent, que
pour vous rendre les organes de
leurs paffions, & quelque foit le
rang où l'eftime de vos contempo-
rains place vos talens, croyez que
de toutes les louanges que l'Avocat
peut défirer d'obtenir; la premiere,
parce qu'elle ne dépend que de fon
intention ; la plus effentielle, parce
qu'elle touche à fa probité ; la plus
précieufe, parce qu'elle s'accorde
avec le témoignage de fa confcience;
la plus grande enfin, parce qu'elle
intéreffe l'ordre général, eft celle
que M. de la Rocheflavin donnoit à
un célebre Avocat de fon tems, de
n'avoir jamais écrit ni plaidé dans
une caufe, qu'il n'eût voulu la juger
conformément aux conclufions qu'il
prenoit.

DISCOURS

SUR l'état actuel de la Jurisprudence.

Prononcé à l'ouverture des Audiences du Parlement de Bourgogne, le 16 Novembre 1767.

AVOCATS,

LES premiers principes de la morale sont des mouvemens de notre ame, plutôt que le produit de nos connoissances & le fruit des combinaisons de notre esprit : ce sont des sentimens qui appartiennent à tous les hommes, & il est peut-être humiliant pour eux que l'équité soit devenue l'objet d'une science particuliere, que l'enseignement soit nécessaire pour l'acquérir, & l'autorité pour la faire reconnoître. Mais que ce soit l'ouvrage de la nature, ou la peine de l'avoir altérée, l'expérience nous a appris dès long-tems que cette raison ne suffit plus

pour régler les propriétés civiles;
l'opinion s'est égarée dans les conséquences des vérités fondamenta-
les, & de la diverfité de ces opinions
eft née la Jurifprudence, comme
l'excès des maux amene à la fin le
reméde qui les tempere; il faut *une
morale pratique, publiée par une autorité légitime*, pour fixer, fi l'on peut
le dire, cette aberration perpétuelle,
& cette morale pratique n'eft autre
chofe que la Loi. Les fociétés fon-
dent fur elle l'immutabilité de l'ordre qu'elles fe propofent; les Juges
la demandent pour les guider, pour
les rafurer dans les fonctions auxquelles ils fe vouent; les Particuliers la réclament comme le titre de
leur patrimoine, & c'eft à vous
qu'ils s'adreffent pour en connoître
le fens, pour en diriger l'application: vous êtes comme les Magiftrats de la Loi, votre profeffion eft
de l'annoncer à ceux qui l'ignorent,
de

de l'interprêter à ceux qui doutent, soit qu'ils vous interrogent pour apprécier leurs prétentions par vos réponfes, foit qu'ils vous demandent de défendre dans les Tribunaux la caufe que vous avez trouvé jufte, leur confiance eft moins en vos talens naturels qu'en votre fcience ; & que leur ferviroit votre fuffrage, s'il n'étoit appuyé fur des principes qui puffent commander celui des Juges, & leur ôter cette liberté de raifon qui produit l'arbitraire ? Qui ne feroit Avocat, s'il fuffifoit de donner fon fentiment pour regle & fon raifonnement pour preuve ? A quel titre jouiriez-vous de la réputation qui vous diftingue, & de quel droit feriez-vous auffi fouvent les arbitres des fortunes, fi vous n'aviez à communiquer aux autres hommes que les lumieres que la réflexion pourroit donner à tous ? Ce n'eft pas affez, pour remplir l'obli-

Tome I. C

gation de votre état, de se consa-
crer à l'habitude des affaires, d'acquérir par l'usage une pratique aveugle & le style du Bareau ; ce n'est
pas assez encore de pouvoir tirer au
besoin de quelque compilation, des
fragmens capables d'étayer un avis
qui a précédé l'autorité; il faut pouvoir remonter aux principes généra-
teurs, suivre la progression des conséquences, les étendre à de nouvelles
hypothèses, & les concilier en les
multipliant; vous devez être Jurisconsultes enfin, & l'on n'y parvient
qu'en étudiant les Loix avec méthode,..... Mais tandis que nous in-
sistons sur une vérité dont vous êtes
pénétrés, vous interrogez notre pensée sur les moyens de remplir ce
devoir ; votre esprit se porte dans
ces cabinets, où de sçavantes collections déposent de vos veilles ;
vous remettez sous vos yeux cette
suite immense de volumes, que vous

avez vainement ouverts pour y
trouver cette méthode, & vous at-
tendez notre réponse.... Nous héfi-
tons ; & que de réflexions fe préfentent pour nous arrêter ! Mais il en
eft une fupérieure qui nous entraîne,
c'eft le droit de dire des vérités que
l'intérêt public approuve, c'eft la
confiance où nous fommes qu'il n'eft
aucune Loi qui arrête les progrès
de l'efprit humain, & qu'il eft permis de defirer la perfection quand
on l'entrevoit. Pourrions-nous craindre d'exprimer ce vœu dans le fanctuaire de la Juftice ? C'eft-là fans
doute qu'il doit fe former pour s'é-
lever jufqu'au Trône. Hâtons-nous
encore d'annoncer à ceux qu'éton-
neroit notre hardieffe, que nous
marcherons après des guides dont
ils ont eux mêmes confacré la réputation, & jettons un coup-d'œil fur
l'état actuel de la Jurifprudence.

Tous les Arts, toutes les Sciences
C ij

se sont enrichis des travaux des siècles derniers, &, s'il est permis de le dire avant de le prouver, la seule Jurisprudence n'a point eu de part à cet accroissement : par quelle fatalité est-elle retardée dans sa perfection, cette science, la plus belle & la plus nécessaire, cette science, qui embrasse les choses divines & humaines, qui légitime les vues de la politique, qui observe la Philosophie jusqu'en ses méditations, pour profiter de ses lumieres & réprimer ses écarts, qui d'une main soutient l'Autel & le Trône, & de l'autre, répare continuellement les brèches que les passions des hommes font au grand édifice de la morale? Cette science a-t-elle moins occupé les esprits? Non, la Nation peut compter plus de grands Magistrats, plus de célèbres Jurisconsultes que de Philosophes & d'Artistes. D'où vient donc

cette différence dans le produit de
leurs occupations ? C'eſt que les
Arts & les Sciences acquièrent d'eux-
mêmes tout l'eſpace qu'ils parcou-
rent ; à l'inſtant que le génie eut
ſecoué le joug d'Ariſtote & détruit
la ſuperſtitieuſe crédulité de l'ignorance, il put marcher librement vers
la vérité ; & chaque pas qu'il fit
vers elle, fut un progrès déterminé
par l'approbation générale : au contraire, la vérité ne ſuffit pas pour
perfectionner la Juriſprudence, il
faut qu'elle ſoit réunie à l'autorité ;
ſi l'une peut, à l'aide du tems, affoiblir ou détruire ce que l'autre a établi, elle ne peut au moins réédifier
ſans elle : il n'en réſulte donc qu'une
oppoſition toujours funeſte entre la
perſuaſion & le devoir ; l'autorité
du Droit écrit s'éteint & rien ne le
remplace. Voilà en peu de mots
l'hiſtoire de notre Juriſprudence.

Lorſque nous diſons notre Juriſ-
C iij

prudence, ce n'eſt pas le Droit particulier d'une Province, c'eſt le Droit
de la France que nous conſidérons;
car nous ſommes loin d'adopter le
préjugé de ceux qui, parce qu'ils
ont quelques uſages ſinguliers, quelquefois même biſarres, ſe vantent
d'avoir des Loix diſtinctes pour le
petit territoire qu'ils occupent dans
l'Etat, ſans s'appercevoir que cet
attachement aveugle fait le plus
grand obſtacle au bien général, ſans
ſe douter du moins qu'il les rend in-
volontairement coupables d'affoiblir
les liens qui doivent réunir toutes
les portions d'une Monarchie; &
puiſque c'eſt le premier objet ſur
qui s'arrêtent nos regards, laiſſons-
nous aller tout de ſuite à l'étonnement que produit l'évidence comparée à l'erreur. Quoi! Sujets du
même Monarque, compoſant une
ſeule famille dont il eſt le pere, nous
pouvons nous glorifier de Loix, de

mœurs différentes de fes autres enfans ! Sortons de la fphère de nos
préventions , élançons - nous dans
l'avenir, & effayons de nous juger
comme la poftérité (fi toutefois notre vue peut s'étendre jufqu'à celle
qui nous confidérera dans l'éloigne-
ment). Que dira-t-elle , lorfque fa
curiofité éveillée par notre gloire,
guidée par nos monumens , après
avoir admiré la fageffe de notre
Gouvernement, après avoir recueilli
nos arts & nos connoiffances, elle
recherchera notre Jurifprudence ,
comme les Romains étudierent celle
d'Athènes, comme nous avons em-
prunté celle de Rome ? Que penfe-
ra-t-elle , lorfqu'au lieu d'un Code
général & uniforme, elle ne trouvera qu'un amas d'opinions diverfes, lorfqu'elle verra un feul peuple,
un feul Légiflateur, & deux cens qua-
tre-vingt-cinq Codes différens ? Si
elle nous compare aux Peuples qui

C iv.

nous ont précédé, elle s'étonnera
d'abord que nous ayons adopté leurs
Loix fans nous les approprier ; elle
s'étonnera enfuite bien plus, que
nous les ayons abandonnées fans les
remplacer, & pour nous en écarter
par divers chemins. C'eft en vain
que notre Hiftoire fe flate de lui
apprendre que ce fut un privilége de
chaque contrée de fe régir par fes
propres Loix ; elle ne pourra lui
tranfmettre que nos prétentions, &
l'illufion du titre s'évanouira devant
les conféquences du fait : elle nous
dira, mais fi la vérité n'eft qu'une,
fi, comme l'attefte un de vos Sages,
cela feul eft le Droit, dont on ne
peut s'écarter fans injuftice, fi la
plûpart de ces Loix fe contredifent,
ces contrées n'ont donc eu que le
privilége de refter dans l'erreur ?
Voulons-nous que, dépouillant ce
privilége de fes couleurs fantafti-
ques, elle nous accufe d'avoir re-

fuſé de concourir aux vues générales
de la politique nationale , qu'élle
nous reproche un centre d'intérêt
éloigné du centre de réunion; ou fi
elle nous épargne ce blâme , qu'elle
nous plaigne comme autant de peuples qui, aſſervis & non incorporés
à un Empire floriſſant, moins flattés
d'en être Citoyens, que vains de ne
l'avoir pas toujours été, ne veulent
reconnoître d'autre Loi que celle
de leur capitulation, qui ne ceſſent
de la réclamer, & ſe plaiſent ainſi à
perpétuer le ſouvenir des bornes
qui les en ſéparoient? Il n'eſt point
de François, ſans doute, que cette
image ne forçât à un prompt déſa-
veu , tant il ſe trouve d'inconſéquence dans les ſentimens que l'on
admet ſans les comparer; & ſi cette
image ne nous abuſe, l'impartialité
prendra pour une marque de ſervitude, cette diverſité de Loix dont
nous faiſons aujourd'hui un trophée
de liberté.   C v

Nous n'examinons pas encore l'origine des différentes Coutumes qui composent aujourd'hui notre Droit, quoique peut-être cet examen nous conduiroit aussi sûrement à la même conclusion ; mais nous ne sommes frappés en ce moment que de cette différence & de son rapport avec la politique. Qui ne connoît l'Histoire de nos révolutions? Qui ne sçait que nos Provinces furent long-tems soumises à différens Princes le plus souvent en guerre les uns avec les autres ? Leur politique , d'autant plus attentive que leur puissance étoit plus bornée , étudia tous les moyens d'affermir leur domination particuliere ; elle sentit la nécessité de produire une union intérieure, de la fortifier par l'aversion de tout ce qui y étoit étranger; il fallut rendre ces peuples ennemis ; elle fit servir les Loix à ce dessein ; elle avoit remarqué que leur uniformité

conſervoit toujours, entre tous ceux
qui y étoient ſoumis, une tendance
réciproque & un ſecret attachement,
elle en ſut alarmée, & ne s'occupa
plus qu'à la détruire. Le Droit Romain que les Gaulois avoient reçu
en devenant Citoyens de Rome ſous
Antonin Caracalla, que les Gots,
les Bourguignons & les Francs leur
avoient laiſſé, que Clovis & ſes
ſucceſſeurs avoient regardé comme
le Droit civil de la Monarchie, devint tout-à-coup un Droit odieux à
ces petits ſouverains, parce qu'il
étoit commun à leurs Sujets & à
leurs voiſins ; ils ne ſongerent qu'à
s'en écarter, ſans ſe mettre en peine
de choiſir la route ; ils uſerent ſeulement de ces ménagemens adroits
qui conduiſent au but ſans le laiſſer
appercevoir, qui accoutument avant
que de commander : & bien-tôt,
d'une main hardie, l'uſage ferma les
canaux qui faiſoient couler en nos
C vj

Provinces cet *Océan de Jurisprudence*.
Efforcez-vous maintenant, Jurifconfultes, efforcez - vous de concilier
ces ufages ; c'eft en vain, comme l'a
dit le grand homme qui a porté le
flambeau de la philofophie fur les
loix de notre province, *c'eft en vain*
que vous cherchez quelque fympathie
entre des Coutumes que l'antipathie a
formées ; vous ne recueillerez d'autre
fruit de vos travaux, que celui de
nous convaincre peut-être à la fin,
que l'unité que vous voulez trouver
eft le vœu du génie, l'ordre de la
politique & le prix de ces fentimens
patriotiques, qui germent également dans le Hameau qui touche la
frontiere, comme dans les lieux
qu'éclaire la majefté du Trône.

Il ne nous refte encore que trop
d'opinions, dont les principes ont
difparu, qui auroient dû fe perdre
avec eux dans l'oubli, ou du moins
changer avec les intérêts & les cir-

conftances qui les avoient produi-
tes ; mais entre toutes ces erreurs,
que le préjugé nous diffimule, y en
auroit-il une plus frappante que celle
qui tendroit à faire fubfifter, dans
une Monarchie, tout ce que la politique a jugé de plus capable de la
divifer & de la détruire ; à conferver à des peuples réunis, qui n'ont
plus qu'un nom & qu'une patrie,
des ufages qui ne leur ont été donnés
que pour les féparer ; qui les rendent en quelque forte étrangers au
fein de la Nation ; qui les réduifent
à ignorer toute leur vie le Droit du
pays où les dignités & les emplois
les appellent ; qui leur défendent
d'en adopter les maximes, comme
on défendoit aux Spartiates de rapporter le luxe des Perfes ; qui leur
impriment une gêne continuelle ;
qui les jettent dans les queftions épi-
neufes du ftatut réel & du ftatut
perfonnel, dès qu'ils forment une

convention hors de l'étroite enceinte
de leur berceau ; qui forcent enfin
le même Juge à se faire autant de
balances différentes, qu'il y a de
différens territoires dans son ressort, à reprendre, à quitter sur le
champ l'une ou l'autre de ces balances, à les changer successivement,
non suivant les faits, mais suivant
les personnes, sans que jamais il lui
soit permis, (si pourtant cela est
possible)ni de se préoccuper pour la
plus juste, ni de corriger la plus
imparfaite ?

Si quelqu'un n'étoit pas touché
de ces inconvéniens, s'il pouvoit
douter sur-tout des effets politiques
de la diversité des Loix, qu'il ouvre
les fastes des Empires, qu'il interroge l'expérience des siècles, & il
les trouvera confirmés par les succès
& par les revers. *Par les succès :*
Nous pouvons donner en preuve la
grandeur de cette République qui ,

non moins fage que puiffante , fçut
conferver par les mœurs, les conquêtes qu'elle avoit faites par les
armes ; qui ne les crut achevées
que quand le Pays conquis avoit
reçu fes Loix, & qui regardoit l'uniformité même du langage comme
une des plus fortes chaînes pour affurer fa domination. *Par les revers :*
Ecoutons le reproche que l'Hiftoire
fait à Philippe II , de n'avoir pas
donné à l'Efpagne cet enfemble qui
fait tout à la fois la beauté & la
force des corps politiques , de n'a-
voir pas formé un feul Royaume ,
& réuni fous la même légiflation
les Royaumes & les Provinces qui
compofoient fes vaftes Etats ; &
méditons fur les événemens qu'elle
place à la fuite de cette négligence ,
& qu'elle en déclare l'effet.

Nous ne pouvons nous diffimuler
que la longue habitude a fortifié ,
dans chaque Province , une forte

d'attachement pour le Droit qu'elle
a adopté, quoique le tableau des
différens objets que cet attachement
a fucceffivement embraffés depuis
les anciennes Coutumes, jufqu'aux
opinions de ceux qui ont réformé
les nouvelles, dût peut-être fuffire
pour ramener les efprits à cette in-
différence philofophique , qui ne
laiffe de paffion que pour le vrai ;
mais, qu'il eft rare que l'on remonte
aux principes des chofes que l'on
trouve établies ! C'eft une monnoye
dont perfonne ne s'avife de demander le titre dès qu'elle a cours ; & il
eft bien difficile que l'habitude ne
confonde à la fin le poids réel & la
valeur de convention. Le murmure
de l'affection allarmée nous annonce
déja les derniers efforts pour défendre l'idole qu'elle s'eft accoutumée
à refpecter ; déja nous croyons entendre cette maxime d'un génie légiflateur, qui a confacré l'influence

du climat fur les mœurs ; mais ofe-
roit-on bien nous repréfenter la
France comme un autre univers, &
chaque territoire coutumier comme
un climat différent de celui qui le
touche ? Qui eft-ce qui affignera des
variétés phyfiques & une diverfe
température dans des pays qui ont
le même horifon ? C'eft peu d'écarter l'application ; que le tems ne
nous permet-il d'approfondir le principe ? Mais nous n'avons rien à regretter ; une main fçavante s'eft
chargée avant nous d'effacer de nos
dogmes politiques , cette opinion
trop facilement adoptée fur la foi
d'un grand homme , elle y a fubftitué
un principe plus vrai , plus fécond :
ce ne font point les climats, ce font
les Loix qui décident les mœurs ;
nous craignons d'autant moins de le
répéter en cette Province , que fes
Jurifconfultes lui ont montré , dans
le Code de fes ufages , des ufages

que les Peuples du Nord lui ont ap-
portés. Si ce n'est pas la ressemblance
des climats qui les a naturalisés parmi nous, il faut reconnoître l'influence supérieure de la législation,
& la nécessité de l'harmonie des
mœurs devient un nouveau motif
pour la diriger vers l'uniformité des
Loix.

Mais à défaut de raisonnemens
qui convainquent, on nous oppo-
sera peut-être l'autorité qui décide
& qui interdit tout examen de ce
qu'elle a consacré; ces Coutumes diverses ont reçu l'approbation de nos
Souverains ; c'est-là que l'obstina-
tion nous attend, contente de nous
laisser aux prises avec elle...... Seroit-il possible, en effet, que nous
eussions méconnu le plus saint de nos
devoirs ? Le zèle patriotique qui
nous a fait embrasser avec ardeur
l'évidence de la raison d'Etat que
nous venons d'exposer, auroit-il

befoin d'autre apologiſte que lui-
même ? Et le defir de voir perfectionner les Loix, qui ne peut être
produit que par la ferme réfolution
de les reſpecter, auroit-il pû nous
égarer affez ? . . . . . Non, nous ne
craignons pas que l'on nous reproche d'avoir parlé en ce Temple le
langage d'un Novateur téméraire.
Que les jugemens demeurent un inftant fufpendus , & fans qu'il foit befoin d'invoquer les Légiflateurs de
la Grèce & de Rome , fans rappeller
l'exemple que vient de donner à
l'Europe une Nation que nous van-
tons & qui nous jaloufe , fans emprunter d'autre autorité que celle
qui touche nos cœurs en même-tems
qu'elle enchaîne nos opinions, nous
nous flattons de juſtifier le vœu que
nous formons : il exiſte dans l'eſprit
de notre légiſlation.

Dès le fecond âge de la France,
dans ces tems reculés dont nous dé-

plorons la barbarie , le génie de
Charlemagne porta une étincelle de
lumiere qui commença à agiter les
ténèbres de l'ignorance , comme le
premier rayon du jour ébranle l'ath-
mofphère avant que de la pénétrer ;
maître abfolu de la Monarchie , ce
Prince , tout à la fois Conquérant &
Légiflateur , qui mérita le nom de
Reftaurateur des Lettres , qui eut
la gloire de former des Ordonnances que Louis le Grand devoit re-
nouveller , conçut le grand deffein
de réformer la Jurifprudence Françoife , d'ajouter ce qui y manquoit ,
& fur-tout, de concilier ce qui étoit
oppofé. Le même deffein occupoit
Saint Louis , lorfqu'il fit mettre en
langue vulgaire tout le Droit de Juftinien , & rédiger une forte de con-
cordance entre les Loix & les faints
Canons. Jufques fous le règne de
Charles VI, nous voyons les Coutumes plutôt tolérées qu'approuvées

par les Rois de France ; & les Jurifconfultes de ce tems ofoient encore
appeller Droit *haineux*, c'eſt-à-dire
odieux, tout ce qui s'écartoit du
Droit écrit. Et comment ces Souverains auroient-ils imprimé le ſceau
de la puiſſance légiſlative à des uſages qui n'avoient encore d'autres
monumens qu'une tradition incertaine, obſcure, & ſouvent *con-*
traire en un même pays ? Car c'eſt
ainſi qu'ils ſont rappellés dans cette
Loi de Charles VII, qui en ordonna
pour la premiere fois la rédaction.
Arrêtons-nous à cette époque inté-
reſſante, & cherchons à connoître
l'eſprit de cette diſpoſition, ou plutôt n'héſitons pas à nous en rapporter au plus célèbre des Juriſconfultes
François, dont le génie l'eût péné-
tré, quand il n'auroit pas vécu dans
un tems aſſez prochain pour en re-
cüeillir les témoignages. Charles VII
ne voulut pas donner une Sanction

irrévocable à des ufages qu'il avoit
fi bien appréciés ; fon projet (dit
Charles Dumoulin) fut d'amaffer
toutes ces Coutumes pour en faire
une Loi générale ; leur rédaction
particuliere ne fut que provifionnelle, & elles ne reçurent d'autorité que pour que les peuples euffent
au moins quelque chofe de certain,
pendant que l'on travailleroit à la réformation. Voilà donc cette approbation, qui doit encore, après trois
fiécles, étouffer nos vœux, & nous
faire refpecter, comme l'édifice même, les échafauds dreffés pour fa
conftruction. Si quelqu'un s'étonne
que ce projet foit demeuré fi long-
temps fans exécution, qu'il prenne
nos annales, & qu'il montre un inftant favorable à une auffi vafte entreprife ; mais ne devons-nous pas
nous féliciter de ce que les fiécles
paffés l'ont laiffée toute entiere au
fiecle préfent ? Eft-ce à nous à re-

gretter que le génie des Architectes
qui feront chargés d'élever ce monu-
ment, ne foit point gêné par des fon-
demens, gothiques peut-être, à coup
sûr moins réguliers, que l'empreinte
de l'âge & le fcrupule de détruire
les forceroient de conferver? Avons-
nous oublié que les Tables, qui re-
traçoient encore aux Papinien &
aux Ulpien les loix des Décemvirs,
ont produit ces diftinctions de Droit
civil & de Droit Prêtorien, & ce
nombre prodigieux de formes &
d'actions, qui femblent démentir la
fageffe de ces Jurifconfultes, &
qu'ils n'ont imaginées que pour concilier les préjugés qu'ils ne pouvoient
vaincre, avec les principes qu'ils
vouloient établir.

Si le fucceffeur de Charles VII
nous eft diverfement repréfenté par
les Hiftoriens, il eft un trait qui
frappe dans tous fes tableaux : c'eft
la grandeur de fa politique, qui ne

laissa à Richelieu que la gloire d'a-
chever ce qu'il avoit commencé
pour affermir l'autorité royale ; &
ce fut une des vues de cette politique, que le desir qu'il témoigna
qu'il n'y eût en France qu'*une Cou-*
tume, qu'un poids, qu'une mesure,
& que toutes les loix fussent mises
en François *dans un beau livre ;*
expressions dignes de remarque, &
qui renferment dans leur simplicité
toutes les idées de la plus parfaite
légiflation.

Mais pourquoi nous occuper plus
long-tems à rassembler tous ces traits
épars de lumiere, tandis que nous
avons sous les yeux le foyer qui les
réunit ? Ouvrons ces belles Ordonnances de Louis XV, qui établissent
des principes invariables, sur les dif-
positions gratuites des propriétés ;
c'est-là que l'autorité & la sagesse
parlent un même langage, & voici
les vérités sublimes qu'elles y ont
                        consignées :

consignées : » La Justice ne devroit
» pas dépendre de la différence des
» temps & des lieux, comme elle fait
» gloire d'ignorer les personnes.....
» Il n'est point de loix qui ne ren-
» ferment le vœu de la perpétuité &
» de l'uniformité...... Cette unifor-
» mité est également honorable au
» Législateur, & avantageuse aux
» Sujets ... La diversité de Jurispru-
» dence produit les plus grands in-
» convéniens..... Et quand, entre
» les opinions diverses, le Législa-
» teur ne feroit qu'en autoriser une
» seule, sans que le choix fût d'ail-
» leurs déterminé, ce feroit encore
» un grand avantage pour les peu-
» ples. « C'est d'après ces grands
principes, que notre auguste Monarque a annoncé à la France *un
corps de loix ;* que l'on doute maintenant s'il nous est permis d'espérer
ce qui nous est promis ; qui est · ce
qui osera déformais se parer d'un

attachement aveugle aux ufages de
fon pays, après avoir entendu dans
la bouche de fon Roi, l'éloge des
Magiftrats qui, interrogés fur les
matieres qui devoient fournir le
premier exemple de cette réformation, *uniquement occupés du bien de
la Juftice, ont eu le courage de préférer
la Jurifprudence la plus fimple, à celle
que le préjugé de la naiffance & une
ancienne habitude pouvoient leur rendre plus refpectable.* Pourfuivons donc
notre route, puifque notre but eft
légitime, & parcourons autant qu'il
eft poffible, dans le peu de temps qui
nous refte, toutes les différentes
parties de notre Jurifprudence.

Avant que d'aller plus loin, dé-
terminons ce que l'on doit entendre ici par Jurifprudence ; eft-ce un
affemblage de loix formées fucceffivement pour différens objets ? Eft-
ce un recueil de décifions ifolées ?
Non ; les loix les plus fages, les dé-

cifions les plus juftes, quand elles
pourroient avoir tout embraffé, ne
rempliroient pas encore l'idée de ce
terme, elles ne ferviroient qu'à juftifier de plus en plus le reproche
que nous adreffoit il y a déja long-
temps un philofophe,* *d'avoir à nous*
feuls plus de loix que tout le refte du
monde enfemble ; prenez, ajoutoit-il,
cent mille efpeces, attachez-y cent
mille loix, ce nombre n'aura encore
aucune proportion avec l'infinie diverfité des actions humaines. C'eft
en ce fens que l'on pourra dire qu'un
peuple a beaucoup de loix & point
de Jurifprudence, tant qu'il n'y aura
pas entre elles cette identité de principes, cette harmonie de conféquences qui donnent un enfemble à ce
qui eft établi, qui préjugent ce qui
n'eft pas prévû, qui s'arrêtent à un
certain nombre de regles uniformes

_____

* Montagne.

& invariables, qui produisent enfin
une *équité civile*, capable de guider
furement toutes les opinions au
même but, de ramener prompte-
ment celles qui s'en feroient écar-
tées, & de fermer à jamais le retour à *l'équité naturelle*. L'équité naturelle peut être comparée à un texte
difficile que tous les hommes se flat-
toient d'entendre, que le plus grand
nombre expliquoit différemment,
& dont il fallu compromettre le
sens pour s'accorder ; dès-lors le Légiflateur en est le seul interprète légitime, parce-qu'il est le seul qui
puisse réunir toutes les volontés ;
mais ce ne seroit point étendre ce
droit, ce seroit le perdre, que d'en
user arbitrairement. Pour peu que
l'interprétation légale varie dans les
différentes applications, bientôt le
besoin de les concilier force de retourner à la source, l'incertitude
renaît avec la liberté, les syftêmes

se multiplient comme autant de rayons divergens qui partent du même point, les esprits se trouvent affranchis de cette gêne salutaire qui les contenoit dans la même direction, & il n'y a plus d'équité civile. Cependant c'est sur cette distinction de l'équité naturelle & de l'équité civile, que reposent les bornes qui séparent la morale & la Jurisprudence ; c'est elle qui fait de cette derniere une science positive de tradition, qui met le sentiment général au-dessus du sentiment particulier, & presque toujours la lumiere à la place de l'illusion. Voilà ce qui forme essentiellement la Jurisprudence, voilà le but qu'elle doit se proposer, & que n'atteindront jamais des Loix faites pour le moment, ajoutées après coup, ou réformées par parties, qui tranchent à la vérité quelques questions fréquentes, mais qui n'ont, si l'on peut parler ainsi

qu'une lettre & point d'efprit ; qui
font muettes hors des cas qu'elles
expriment, ou ce qui eft plus dangereux, qui ne parlent que pour enhardir la raifon contre l'autorité ,
en lui offrant le choix de divers principes également confacrés.

Faut-il s'étonner maintenant fi la
belle compilation de Juftinien fit oublier les loix de Gondebaud & de
Théodoric, & tous ces codes différens qui ne contenoient que le
tableau des violences des barbares ,
le tarif des peines, ou plutôt l'abon-
nement de l'impunité. Ce fut à cet
art fublime dont Ciceron attribue
l'invention à Servius Sulpitius , &
qui fut encore bien perfectionné
après lui , de pofer des maximes fon-
damentales d'équité, d'y rapporter
toutes les décifions, & de leur donner ainfi une forte de cohérence &
d'homogenéité , que cette compilation dut la vénération qu'elle inf-

pira à tous les peuples de l'occident,
& dont tels furent les effets à jamais
mémorables dans l'histoire de l'esprit humain, que sans le secours
d'aucune autorité, par sa seule sagesse, par la seule force de l'évidence, ce droit rédigé six siecles auparavant à Constantinople, presque
aboli dans l'orient par les Basiliques,
retrouvé dans un coin de l'Apulie,
devint tout à coup la loi vivante des
Peuples de l'Europe, & forma tellement le droit commun de ces Nations, que l'on eût dit qu'elles étoient
autant de provinces de l'Empire,
que la politique osa même abuser de
cette présomption, & que pour lui
ôter cet avantage, Philippe le Bel
fut contraint de déclarer solemnellement que ce droit n'avoit en France
qu'un empire de raison & non de
domination. Tant que ce droit est
demeuré parmi nous en vigueur,
nous avons eu une équité civile &

D iv

une Jurifprudence ; mais par une révolution malheureufe, déjà déplorée par les plus grands Magiftrats, *ce n'eft plus le temps où l'on pouvoit dire de notre France, que l'on y retrouveroit la fcience des loix , fi elle fe perdoit ailleurs*, parce que, comme le remarque l'illuftre Montefquieu , la facilité d'efprit fervoit plus à apprendre fa profeffion qu'à la faire ; étrange abus, s'écrie M. le P. Bouhier, dont les gens fages prévoient les fuites funeftes ! Il femble que la plupart de nos Avocats ayent honte de citer aujourd'hui les loix romaines, & qu'ils fe flattent qu'un beau raifonnement nous perfuadera plus que les réfolutions des plus célebres Jurifconfultes ! L'autorité du droit écrit s'affoiblit, c'eft un fait qui n'eft que trop certain ; mais pourquoi blâmer de céder au torrent, ceux qui feroient de vains efforts pour l'arrêter ? C'eft une impulfion que

tout le monde reçoit, que perſonne
n'excite , qui vient de plus loin ,
& qui eſt le produit néceſſaire de
pluſieurs circonſtances accumulées.
Cette nonchalance que l'on nous reproche dans l'étude du droit Romain, eſt bien moins la cauſe, que
la ſuite de ſon abandon , & le courage ne manque, que parce que le
fruit n'eſt plus en proportion du
travail. On découvre l'une des plus
fortes cauſes de cet abandon , dans
ce principe lumineux de toute légiſlation, que *le mépris des loix mortes
eſt une gangrene qui gagne & dévore
bien-tôt les loix vivantes, ſi l'on n'a
ſoin de les ſéparer ;* & qui eſt - ce qui
pourroit nombrer aujourd'hui, dans
cette vaſte collection , toutes les
loix qui ſe trouvent abolies ſans
être abrogées ? Nous n'entreprendrons pas de donner l'hiſtoire de
toutes ces dérogations ſucceſſives ;
nous nous bornerons à indiquer

D v

quelques-unes de celles qui ont fait
les breches les plus confidérables à
ce bel édifice, qui ont détruit fon
enfemble & ébranlé fa folidité. Et
d'abord, la différence dans la forme
des gouvernemens fe préfente ici
comme un obftacle à l'obfervation
de quelques loix Romaines ; mais
il faut en convenir, c'eft peut-être
de toutes les caufes qui ont con-
couru, celle qui a le moins contri-
bué : indépendamment des bornes
qui féparent les loix d'adminiftration des loix de Jurifprudence, le
droit écrit femble moins le droit
particulier d'un empire, que le droit
général des nations ; &, comme
l'a dit un Hiftorien célebre *, puifque tout l'efprit de ce droit tendoit
à rendre les hommes plus doux ,
plus fociables, plus foumis aux Puif-
fances légitimes , & à ruiner les

---

* Fleu

coutumes de la barbarie, il ne pouvoit qu'être d'accord avec l'intérêt
des Souverains.

Il y a d'autres causes dont le produit est bien différent ; la premiere
est l'établissement du droit Canon ;
ce n'est pas cette Décrétale d'Hono-
rius, qui défendit en France l'enseignement du droit de Justinien, c'est
l'esprit novateur que les Tribunaux
ecclésiastiques ont porté dans toutes
les matieres dont ils avoient usurpé
la compétence, sur le fondement de
l'intervention du serment; (1) c'est
tout ce Code de l'Eglise Universelle
qui devoit nécessairement introduire
une discipline conséquente à la lumiere de la révélation, qui a en
quelque sorte spiritualisé plusieurs
actes civils, qui fait aujourdhui

_____

(1) *Conantur omnia ad suum forum trahere
ut nuper Papales ad suam tractipacem prætextu
juramenti vel quâvis coloratâ tantum occa-
sione.* Car. Molin.

D vj

partie effentielle de ce que nous
nommons droit civil, & qui n'offre malheureufement pas plus de certitude, pas plus d'uniformité. Nous
avons été forcés de le dire publiquement deux fois dans le cours de cette
année, lorfqu'après avoir recherché
tous les principes fur deux queftions
importantes, nous ne pûmes affeoir
d'autre conféquence, fi ce n'eft que
la Jurifprudence canonique fembloit
avoir toujours tout abandonné à la
faveur des circonftances, fans fon-
ger à établir aucune loi précife,
fans vouloir rien préjuger hors des
cas exprimés. On y trouve, difions
nous en le juftifiant par des exemples, on y trouve un grand nombre de regles fages, impérieufes,
néceffaires, adoptées dans les premiers temps, puis abolies par une
tolérance invétérée & non juftifiée ;
qui fubfiftent cependant dans un recueil qui leur conferve le caractere

de loix, tandis qu'elles devroient être reléguées dans les monumens de l'Histoire & qui reviennent de temps en temps embarrasser les opinions ; on y trouve alternativement des époques d'une sévérité excessive & d'un relâchement odieux ; les Auteurs ont suivi ces révolutions, multiplié ces contradictions ; & il ne reste, après avoir tout parcouru, tout approfondi, qu'une suite de variations, un partage d'opinions, un équilibre d'autorités.

Après le droit Canon, les coutumes sont la principale source des dérogations au droit écrit, ou, pour parler plus juste, ce sont ces dérogations qui ont pris le nom de Coutumes ; les plus anciennes furent apportées par les peuples qui conquirent autrefois les Gaules, les autres dérivent du droit féodal, des chartres de priviléges, de l'affranchissement des serfs, & nous avons

vu que la politique des Princes &
des Seigneurs particuliers en avoit
produit un grand nombre, sans autre dessein que de se séparer de la
loi commune. Ces coutumes ne furent d'abord qu'une modification du
droit civil; bien-tôt elles formerent
le droit principal; il eût fallu du
moins, comme dit M. le P. Bouhier,
donner à chaque province une liste
des loix qui y étoient abrogées,
c'eût été le supplément le plus utile
à son statut : mais il semble que l'on
ait craint d'affermir celles qui n'y
auroient pas été comprises, on a
préféré d'emprunter des décisions
des coutumes voisines ; les rédacteurs, les réformateurs y ont ajouté
leurs préjugés ; & les conventions
des particuliers ont mis elles-mêmes
le style à la place de la loi, par le
retour fréquent de certaines stipula-
tions. Ces pays que M. le P. Favre
félicitoit si justement de ne recon-

noître que le droit écrit, qui devoient cet avantage à la fortune qui les rendit les premieres conquêtes des Romains, & les dernieres des barbares, font eux-mêmes devenus coutumiers à bien des égards ; il n'en est plus aucun dans l'Europe qui conserve ce droit dans toute sa pureté, a dit le savant Anglois qui a suivi dans tous les Royaumes les traces de son autorité : on cesse de s'en étonner, lorsqu'on médite cette pensée ingénieuse & vraie : *Les loix font comme au pillage des Commentateurs ;* lorsqu'on se rappelle que dans un temps où les loix Romaines n'étoient pas encore achevées, où leur langage étoit vulgaire, où les mœurs n'avoient pas changé, sous les Empereurs même, l'esprit & la lettre de ces Loix diviserent déjà les Sectes Proculeienne & Sabinienne. Que de tems écoulé, que de circonstances ont accumulé depuis les erreurs,

les fubtilités , les contradictions des
Interprêtes ! Ecoutons encore ces
paroles de notre Augufte Monarque :
» comme fi les Loix devoient éprou-
» ver ce caractere d'incertitude &
» d'inftabilité qui eft prefque infé-
» parable de tous les ouvrages hu-
» mains, il arrive quelquefois que
» foit par défaut d'expreffion, foit
» par les différentes manieres d'en-
» vifager les mêmes objets, la va-
» riété des Jugemens, forme d'une
» feule Loi, comme autant de Loix
» différentes ». Eft-ce affez de preuves réunies du peu d'autorité que le
Droit romain conferve aujourd'hui
parmi nous ? Avançons, & nous en
rencontrerons de nouvelles en exa-
minant le Droit qui lui fuccede, &
ne le remplace pas.

Où puiferons - nous déformais
cette équité civile qui conftitue la
Jurifprudence ? Eft-ce dans les Coutumes ? Mais on eft d'accord qu'el-

les ne contiennent toutes qu'un petit
nombre de décisions qui n'ont entre-
elles d'autre chaîne que la progref-
fion des ufages ; bornées par l'étendue des matieres, elles le font encore
plus par l'autorité, puifqu'elles n'ont
de force coactive que par le confen-
tement, puifqu'elles ont toutes le
caractere de perfonalité que les Germains ont introduit dans les Loix des
Gaules, puifqu'elles font toutes locales fans excepter celle qu'on a
nommée *Maîtreffe Coutume* & *Géné-
raliffime*, & qui n'a fur les autres,
que l'avantage de régir le fol où eft
affife la tour du Louvre. Le recours
aux Coutumes voifines fera d'un
foible fecours, fi on le reftreint,
commé Ricard, à expliquer l'une
par l'autre deux difpofitions conformes fur le même fujet ; fi on l'étend
au-delà de cette fage maxime, il in-
troduira fans ceffe des innovations,
des contrariétés ; tout deviendra ar-

bitraire, jufqu'à la Coutume qu'il
faudra confulter, & dont le choix
fera peut-être le fort de la queftion;
un coup d'œil fur ce qui borde notre
territoire, rendra cet inconvénient
plus fenfible. Deux Provinces de
Droit écrit, trois Coutumieres, &
deux autres en partie Coutumieres,
voilà les Pays qui avoifinent la Bourgogne, & voilà autant de Jurifprudences différentes.

Arrêtons-nous cependant à con-
fidérer ces Coutumes; qui eft-ce
qui oferoit les mettre en parallele
avec le Droit écrit? Ce feroit, fuivant Charondas, affimiler le Tyran
au Roi légitime. Le Droit écrit eft
le fruit des méditations des plus
beaux génies de l'antiquité, il a enlevé les fuffrages de tous les Philofophes, de tous les Jurifconfultes,
de ceux même qui ont eu le plus de
part à l'aggrandiffement du Droit
coutumier, c'eft l'ouvrage des Sa-

ges d'une Nation fameuse, dans un siecle éclairé, épuré par le tems, reconnu & adopté par les Sages de plusieurs Nations : Les Coutumes au contraire se font établies dans des jours de ténébres, d'ignorance, (quelques-uns ajoutent, de violence;) elles ne font fondées que fur l'ufage, elles ont été rédigées par des Praticiens, & ne peuvent former que des Praticiens ; on ne fçauroit, dit le Savant Commentateur d'Henrys, y trouver aucun principe d'une faine Jurifprudence. Là c'est un faifceau de lumieres placé fur une élévation qui lance fes rayons par-deffus les barrieres qui féparent les Empires ; ici c'est un feu pâle & languiffant, enfermé dans une vallée étroite, que l'on n'apperçoit plus à quelque diftance, & qui éblouit fans éclairer ceux qui l'environnent : rien de moins médité, de moins pefé, de plus précipité que nos Coutumes ;

c'est Dumoulin lui-même qui s'en
plaint, & qui est-ce qui ne l'a point
dit avec lui ? Il faudroit épuiser la
liste des noms célébres dans la Jurisprudence françoise, pour en rassembler les témoignages : on y trouve-
roit les Cujas, les Henrys, les Ricard, les Bretonnier ; on y verroit
M. d'Argentré, déplorer le tumulte
des assemblées où ces Coutumes furent approuvées, & l'abus des trois
Etats, opinant sur ce qu'ils ne pouvoient entendre ; on y verroit notre
illustre Bouhier..... Mais puisqu'ils
n'ont tous qu'une même voix, que
sert de nous appésantir sur leurs
expressions différentes ? Passons aux
réformations, peut-être est-ce là
que nous devons chercher ce qui
manque aux Coutumes ; mais qu'est-
ce que ces réformations ? Repon-
dons avec Chopin, *des loix nouvelles
des triumvirs réformateurs* ; Hêvin remarque que l'on y a quelquefois laissé

fubfifter le droit abrogé avec le droit nouveau ; jufques dans la derniere réformation de la premiere coutume du royaume , on a relevé des erreurs d'expreffions qui nous feroient prefque appréhender de voir établir une Jurifprudence en notre langue , s'il nous étoit encore permis d'en emprunter une autre dans l'état de perfeótion qu'elle a acquis , dans le degré de fplendeur où nous fommes parvenus ; les plus grands hommes d'entre les réforma- teurs n'étoient pas même d'accord des principes fur lefquels ils devoient travailler ; quelques-uns, comme M. le P. Lizet , pénétrés de l'excellence du droit écrit , lui rendirent tout ce qu'ils purent arracher à l'empire de la coutume ; d'autres , comme M. de Thou, ne s'occuperent qu'à per- feótionner un droit qui leur fembloit plus appartenir à la France: & les ré- formations qu'ils dirigerent portent

encore l'empreinte de la contrariété
de leurs fyftêmes.

Que refte-t-il après cela pour fonder une Jurifprudence ? Les Ordonnances de nos Rois ! Ah ! que ne
pouvons-nous nous flatter d'y trouver la régle de tous nos jugemens !
c'eft là que s'adreffe d'abord le Plaideur inquiet, il eft raffuré fi cet ora-
cle lui eft favorable, il ne recourt
aux autres loix, que quand celle-ci
eft muette fur ce qui le touche ; c'eft
là que l'Avocat vient puifer une confiance qui ne peut le tromper ; c'eft
là enfin que le Juge indécis s'arrête
tout à coup fans craindre les réflexions tardives, l'amour du Légiflateur fe mêle au refpect de la loi,
ce fentiment s'attache au texte, &
le défend des entreprifes de la raifon qui ne cherche à le commenter
que pour le détruire : mais les anciennes Ordonnances n'ont eu pour
objet que la Police générale du

royaume ; on en trouve très - peu
avant Louis XII , qui ayent trait à
la Juſtice diſtributive : ce Monarque
ſi juſtement nommé le pere du Peuple , fut le premier qui y donna une
attention particuliere ; & quoique
ces loix ſe ſoient beaucoup multipliées depuis ſon regne , comme le
plus grand nombre s'occupe principalement de la procédure & des formalités , comme les autres n'embraſ-
ſent que quelques matieres , on ne
peut pas dire encore qu'elles forment un corps de Juriſprudence. Si
ces Ordonnances ont quelquefois
prononcé l'abrogation légale de
quelques loix romaines , elles en
ont le plus ſouvent confirmé les
principes, & nous leur devons peut-
être tout ce qui nous reſte de ce
droit , & que ſans elles l'eſprit
coutumier général eût encore uſur-
pé. *L'eſprit coutumier général !* quel
titre ! il ſemble annoncer tout ce

que nous regrettons, tout ce que
nous défirons ; on nous le repréfente effectivement comme un monu-
ment élevé fur les débris des loix
romaines , on nous repréfente ces
loix comme des ceintres qui ont
fervi à conftruire des voûtes , & qui
deviennent inutiles quand elles font
fermées & fufpendues. Il eft bien
vrai que l'efprit coutumier général
s'eft emparé de toute la Jurifprudence Françoife , qu'il fe reproduit
dans tous les Ouvrages modernes ,
qu'il a percé jufques dans les Provinces dont le Statut renvoye au
Droit écrit ; on peut déja l'apprécier
cet efprit , par l'idée que nous avons
donnée des fources où il eft puifé ;
c'eft ici fur-tout que nous nous ap-
plaudiffons de pouvoir nommer nos
guides , & de n'avoir pas à frayer
la route ; nous oferons répéter ce
que peut-être nous n'aurions pas ofé
dire, du moins avec autant d'énergie:
cet

cet esprit coutumier général est une chimere , un être de raison ; *ces grands* mots de *droit commun coutumier* , de *maximes coutumieres* , nous trompent & nous égarent. Dumoulin est le premier qui ait rapproché ces expressions ; ce Jurisconsulte (d'ailleurs si grand admirateur du droit romain ,) s'apperçut sans doute le premier de l'affoiblissement de son autorité ; il vit peut-être plus clairement l'impossibilité de lui rendre le respect qui lui avoit tenu lieu de sanction , il augmenta le mal en préparant le reméde , & fonda pour ainsi dire un droit nouveau sur cette opinion nouvelle , qu'il ne devoit être consulté qu'en dernier ordre. Ce système a produit depuis plusieurs codes de droit françois : Chopin , Loisel, Charondas, l'Hommeau, la Thaumassiere, Pocquet de Livoniere, & en dernier lieu Bourjon , ont tenté de réunir en corps ces principes coutumiers ; mais combien y en a t'il qui foient reçus dans toute la France, qui conviennent à toutes les Provinces, qui s'accordent avec toutes les coutumes ? Nous n'entreprendrons pas d'en faire la réduction ; mais que ceux qui feroient frappés du titre impofant de ces collections, apprennent à s'en défier ; qu'ils ouvrent les favantes differtations de M. le P. Bouhier, c'eft-là qu'ils verront par des exemples multipliés, le danger d'accorder à ces fortes d'ouvrages, une confiance qui devroit décroître le plus fouvent, en proportion de l'eftime qu'ils ont obtenue dans le pays dont ils confacrent les maximes.

Tel eft cependant aujourd'hui le type des productions de la Jurifprudence, tel eft l'efprit dans lequel on recueille les décifions des Tribunaux : décifions bien dignes d'être infcrites fur les tables de notre droit,

fi l'on ne confidére que les travaux
& les lumieres , foit des Jurifconfultes qui les préparent , foit des Magiftrats qui les forment : décifions
qui nous auroient bien-tôt rendu un
corps de Jurifprudence , fi elles pouvoient être univoques , fi elles par-
toient toutes du même point , fi
elles n'avoient qu'à étendre les conféquences des mêmes principes , s'il
n'étoit pas permis enfin aux compi-
lateurs de confondre & d'oppofer
arbitrairement les queftions abftraites & les hypothefes particulieres ,
les folutions générales & les excep-
tions juftifiées par les circonftances ;
mais d'une part la diverfité des coutumes borne néceffairement à chaque Province l'avantage du plus
grand nombre de ces décifions ; là
elles font conféquentes au droit
ftatutaire ; ici elles feroient des
innovations pernicieufes ; d'autre
part , la variété infinie des efpeces ,

ouvre une fource intariffable de dif-
cuffions ; elle donne à ces préjugés
l'inconvénient des loix qui raifon-
nent plus qu'elles ne commandent,
& plus on les multiplie, plus on furcharge la Jurifprudence. Empruntons
encore les termes du Magiftrat dont
s'honore ce barreau : « Nous fom-
» mes inondés de compilations où
» tout eft mis en controverfe, &
» qui conduifent droit au Pyrrho-
» nifme ; » qui eft-ce qui doute en
effet que cette abondance ne foit par
elle-même un abus confidérable :
l'Auteur de l'Efprit des Loix la regarde comme un mal néceffaire que
le légiflateur corrige de tems en
tems ; elle eft parvenue au point
que l'on eft forcé de convenir qu'il
n'eft plus poffible à un feul homme
d'embraffer & de connoître toutes
les parties de cette fcience; les vrais
principes fe perdent & s'obfcurcif-
fent dans ce nombre infini de volu-

mes , ils font exactement pour les
Jurifconfultes , ce que la multiplicité
des chemins eft pour les voyageurs.
Les Athéniens recueilloient de tems
en tems les loix furannées , contradictoires & inutiles , pour diminuer
& épurer le Code ; Théodofe &
Valentinien accorderent l'autorité
légale à quelques Ouvrages , pour
ôter l'incertitude qui commençoit à
naître du trop grand nombre ; lorfque Juftinien fit travailler au digefte ;
on comptoit plus de deux mille volumes de Jurifprudence ; on s'applaudit d'une abondance qui ne pouvoit
qu'éclairer le choix , mais le choix
formé , le plus grand avantage que
l'on retira de ce travail , fut la fup-
preffion & l'oubli de tout ce qui
n'avoit pas été employé. N'avons-
nous pas aujourd'hui bien plus de
raifon de défirer la même réforme ?
Ne cefferons-nous d'établir & d'a-
jouter fans jamais réduire , fans ja-

E iij

mais concilier ? En fait d'opinions ;
retrancher, c'est acquérir, & où est
ce que l'opinion a plus besoin d'être
resserrée ? .... Mais cessons de nous
livrer à des réflexions qui nous con-
duiroient peut-être au-delà du but
que nous nous sommes proposé , il
est rempli , si par ce rapide examen
de l'état actuel de la Jurisprudence ,
nous sommes parvenus à faire répéter notre vœu à tous ceux qui
nous écoutent , à leur faire partager
la confiance où nous sommes de le
voir exaucé ; confiance soutenue par
tant de motifs, mais sur-tout, comme
Pline l'écrivoit à Trajan , par le bonheur des tems qui permet aux Citoyens d'espérer tout ce qui est juste,
tout ce qui est utile , tout ce qui est
grand. Il ne nous reste après cela
qu'à les exhorter à se montrer dignes d'un bien si précieux, par leur
respect pour les loix qui subsistent ;
par leur application à les étudier ;

& leur docilité à les suivre tant qu'elles subsisteront, puisqu'il n'appartient qu'à elles-mêmes de se changer. . . . .

. . . .

. . . .

DISCOURS

Sur les Mœurs.

Prononcé à l'ouverture des Audiences du
Parlement de Bourgogne, le Jeudi 16
Novembre 1769.

AVOCATS,

TANDIS qu'un torrent, parti du
sommet des montagnes, accéléré
dans sa chute, aggrandi par les obstacles qu'il a déjà vaincus, menace de
tout renverser & de tout détruire,
que penseroit-on de celui qui se
présenteroit pour l'arrêter ? Victime
d'un zèle imprudent, il n'auroit pas
même l'avantage d'entendre louer
son intention & n'obtiendroit pour
prix de son courage que les huées
du ridicule qui suivent les témérités
sans succès . . . . Telle
est l'image qui vient se placer sous
nos yeux au moment où nous éle-
vons la voix pour vous parler des

Mœurs. Les hommes, qui ne s'ap-
perçoivent de l'oubli des chofes que
quand leurs noms ont ceffé d'être
en ufage, qui long-temps après
qu'elles ne font plus, tiennent encore à leur langage par un refpect
d'habitude, nous impofent cependant la néceffité de redire toujours
les mêmes vérités; ils s'offenferoient
peut-être de les entendre rappeller,
fans ces ménagemens qui en affoi-
bliffent l'énergie, ils s'étonneroient
bien plus qu'elles ne fuffent pas aujourd'hui dans notre bouche........
Mais notre inquiétude fe diffipe en
vous les adreffant ; chaque état a
un fyftême de mœurs, approprié à
l'objet de fon établiffement ; ce font
celles que l'on conferve le plus religieufement, parce qu'elles ont
pour bafe l'intérêt des particuliers ;
& votre profeffion a cet avantage,
que les mœurs qu'elle vous prefcrit
vous féparent, en quelque forte, du

E v

refte des hommes , qu'elles dirigent
fans ceffe votre ambition vers l'eftime publique , vers cette eftime dont
la jouiffance n'eft pour vous feuls
jamais ftérile , vers cette opinion qui
fait à fon gré les vices & les vertus ,
fuivant le rang qu'elle leur affigne ,
& dont les témoignages ne peuvent
être ni injuftes , ni corrompus à votre égard , parce qu'ils font toujours intéreffés. Après cela quel que
foit l'efprit du fiecle , chaque pas
que vous faites dans la carriere où
vous êtes entrés vous éloigne de
plus en plus de la contagion : une
application conftante à difcerner le
vrai du faux , le jufte de l'injufte ,
plus par principes que par préjugés,
application qui forme à la longue
des préjugés de la juftice & de la
vérité même ; l'exemple du plus
grand nombre , dont le fpectacle eft
pour les autres une loi vivante , un
accufateur public , un cenfeur fati-

guant ; l'occupation enfin , l'occupation , le bouclier le plus sûr contre les traits des passions , contre la
séduction plus funeste de la molesse ;
voilà les prérogatives de votre état
par rapport aux moeurs , & voilà les
ressorts puissans , qui seuls peuvent
les établir solidement, les maintenir
dans leur pureté , ou les corriger
dans leur altération. Ainsi , soit que
nous nous arrêtions à en considérer
les effets où ils agissent , soit que nous
portions nos regards sur les désordres, où la pente nous entraîne , dès
que ces barrieres sont rompues , ce
sera également remplir notre sujet ,
& faire parler , comme nous le devons , un ministère qui fait vœu
d'être utile au risque de déplaire.

L'opinion a , de tout temps , conduit les hommes ; l'intérêt est leur
mobile; il les fait agir ; l'opinion est
leur regle , elle les retient ou les

E vj

dirige ; mais quelle eſt cette opinion ? Eſt-ce l'idée qu'ils prennent
eux-mêmes des choſes ? Eſt-ce leur
propre jugement ? Non ſans doute,
il en eſt peu qui ayent ni aſſez de lumieres, ni aſſez de courage pour remonter aux principes ; il en eſt peu
qui emportés par quelques mouvemens, s'arrêtent avant que de s'y
livrer, & ſe demandent s'il eſt juſte ;
ils demandent ſeulement quelle en
eſt l'opinion commune : voilà l'ora-
cle qui les guide, que mille échos
leur ont répété avant qu'ils ayent
ſongé à le conſulter. C'eſt en vain
qu'inſtruiſant leur enfance, vous aurez cherché à les mettre en garde
contre cette opinion, & que leur in-
culquant des maximes plus pures,
vous leur aurez appris à diſcerner ce
qu'elle a de faux & ce qu'elle a de
raiſonnable ; inutiles efforts ! Ce
n'eſt pas la raiſon qui l'examine, c'eſt
le deſir qui l'interroge : l'opinion ne

convainc pas, mais elle autorise ; en
faut-il davantage pour que l'intérêt
adopte ses décisions ? Opposez encore, si vous le voulez, à ceux
qu'elle entraîne, les raisonnemens
les plus forts, les loix les plus précises ; ils vous répondront : *Autre
temps, autres Mœurs*, & se croiront
assez justifiés : tant est puissante cette
opinion, qui sans abolir la loi, sans
cesser de la respecter, devient à la
fin & plus impérieuse, & plus effi-
cace. Dans le nombre de ceux qui
marchent à sa suite, comme un Trou-
peau sous la verge du Pasteur, combien n'en trouveroit-on pas à qui
l'on pourroit opposer leur propre
doctrine ! Ceux-là, du moins, frappés de la contradiction manifeste de
leurs maximes & de leur conduite,
demeureroient dans le silence de la
confusion : non, les fronts endurcis
par l'opinion, ne sçavent plus rougir de l'inconséquence.

Vanter la fageffe, & ridiculifer le
fage; eftimer la fcience, & dédai-
gner l'étude; connoître la vraie
gloire, & rechercher la louange de
ceux que l'on ne peut eftimer; s'en-
orgueillir des vertus de fes peres,
fans faire profeffion de les imiter;
parler de fes titres avec fafte, de
fes droits avec complaifance, de
fes devoirs avec dégoût; exagérer
fon patriotifme, tandis que l'on ne
fait rien pour la patrie; appeller à
grand cris les Arts utiles, & avilir
les mains qui s'en occupent; invoquer encore l'honneur, en facrifiant
à l'opulence; répéter fans ceffe les
noms d'humanité & de vertu, & n'ê-
tre ni humain, ni vertueux; déclamer
contre les vices, & les enhardir par
l'adulation, les propager par les
exemples; affecter ici le langage impofant d'un érudit, là le ton manie-
ré d'un élégant; admirer le beau,
courir au bifarre, fe plaire au récit

des travaux d'Hercule, affis dans le
fauteuil de la moleffe ; orner les an-
tres de la débauche, de l'Hiftoire de
la continence de Scipion ; citer les
veilles des Demofthene, tout prêt
à s'endormir fur les rofes des Syba-
rites ; chanter la frugalité des Spartiates au milieu des Baccanales ; porter fucceffivement le manteau de la
Philofophie, & les falbalas de la fri-
volité ; pratiquer enfin tout ce que
l'on condamne, négliger tout ce que
l'on loue : ce n'eft là qu'une foible
efquiffe des inconféquences que préfentent nos mœurs. L'inconféquen-
ce ! Eft-ce un vice que nous venons
de nommer, ou la fauve-garde de la
licence, le dogme de l'impunité,
l'apologie de tous les vices ? Quelle
fûreté offrent les Mœurs de l'inçon-
féquent ? Sufceptible de tous les ca-
racteres, parce qu'il n'en a aucun,
capable de tous les excès, parce
qu'il eft fans principes : la perfuafion

n'aura aucune prife fur fon ame, incertaine de fes propres paffions ; les
fentimens glifferont fur fon cœur,
les raifonnemens fur fon efprit : on
effayeroit envain de prévoir fes jugemens & de diftinguer fes affections ; fes vertus même ne ferviront
qu'à infpirer une confiance funefte
à ceux qui le croiront vertueux. On
le verra fucceffivement oublier tout
ce qu'il a été, démentir tout ce qu'il
a dit, abandonner tout ce qu'il a
projetté ; &, fuivant le fyftême de
fon intérêt, paffer tout-à-coup de
la févérité au relâchement, du dé-
fintéreffement le plus noble à l'ambition la plus infatiable, & des habitudes les plus douces, nous di-
rions volontiers les plus molles,
aux actes les plus inconfidérés de la
violence : car, qui ne fçait combien
l'intervalle eft court, combien le
chemin eft rapide, de la foibleffe à
l'atrocité ?

Il eſt des vices , a dit l'Illuſtre
Monteſquieu, que la politique néglige de corriger , parce qu'ils n'in-
téreſſent que la morale ; dans quel
ordre placerons - nous l'inconſéquence ? Seroit-il donc vrai qu'une
opinion qui n'eſt que le mépris des
plus ſaines opinions , n'eût aucune
influence ſur le bonheur de la Société ? Seroit-il poſſible qu'une contradiction perpétuelle entre les régles & les uſages ? . . . . Mais
tranchons la queſtion en moins de
mots : l'inconſéquence n'eſt propre-
ment un vice moral , que quand elle
craint encore de ſe montrer , quand
la Société entiere l'apperçoit avec
étonnement dans les Mœurs des Particuliers, la flétrit par la cenſure, ou
la pourſuit avec les traits plus acé-
rés du ridicule ; mais dès qu'elle
peut ſortir des ténébres , & ſe produire au grand jour , ſans redouter
l'opprobre , dès que les voix inté-

ressées à la défendre se font assez
multipliées pour former le cri général, ce n'est plus un vice seulement, c'est une crise des Mœurs ;
c'est l'instant de la révolution de
l'esprit moral, c'est le voile de l'illusion qui nous dérobe le contraste
des Mœurs dont la mémoire n'est
pas encore perdue, avec celles qui
vont leur succéder, & une nuance
intermédiaire entre deux couleurs
que l'œil s'offenseroit de voir rapprochées.

Le Patriotisme a souvent appellé
les loix somptuaires au secours des
Mœurs expirantes ; il a connu le
mal, a-t-il trouvé le remede ? Ju-
geons-en d'après ce beau mot du
législateur Solon : On lui demanda
si les loix qu'il avoit données aux
Atheniens étoient les meilleures ? Je
leur ai donné, répondit-il, les meilleures de celles qu'ils pouvoient
souffrir. Le sévere Sully lui-même

avoueroit aujourd'hui que les loix
fomptuaires ne font plus faites pour
nous, qu'elles ne ferviroient qu'à
rendre irrévocable la diftribution
trop inégale des biens, qu'à ôter à
l'indigence les reffources de l'induftrie, à perpétuer la mifere où elle
fe trouve, & amortir en quelque
forte les richeffes dans les mains qui
les poffedent.

Perfonne n'oferoit dire, fans doute, qu'il faut que les hommes foient
ou féroces ou efféminés, ou ftupi-
des ou vicieux, ou miférables ou
corrompus ; effayons donc de les
rendre meilleurs, fans leur ôter ni
l'urbanité que le commerce porte
avec lui, ni l'abondance qu'il pro-
cure, ni la jouiffance des Arts, ni
les bienfaits de l'induftrie. Le principe de la corruption n'eft pas dans
l'activité laborieufe de ces hommes
occupés du calcul des échanges, Il
n'eft pas dans le génie qui dirige &

perfectionne les forces mécaniques ;
il n'eſt pas dans les études de l'Artiſte, qui s'applique à reproduire
par ſon crayon les beautés variées
de la nature ; ſi l'on voit quelquefois
ſortir de leurs Atteliers des inventions ſans utilité, des formes tour-
mentées ſans élégance ; s'ils fourniſ-
ſent au luxe ces ornemens frivoles,
qui n'ont de prix que dans la nou-
veauté du caprice, qui ne plaiſent
qu'autant qu'ils étonnent, ces modes fantaſques qu'une jeuneſſe oiſive
promene avec la fierté d'un pari
qui étale ſes plumes, & qui affligent
ceux qui ont apperçu le rapport
du goût & des mœurs ; il ne faut
pas les accuſer d'avoir imaginé toutes ces biſarreries, il faut ſe plaindre
bien plutôt de la conſidération qu'un
certain ordre d'hommes y attache ;
ce ſont eux qui les commandent, &
l'Artiſte ne fait qu'exécuter.

Tant que les mœurs ſe conſervent

dans leur pureté , les loix fomptuaires font inutiles, l'opinion publique
prévient les excès qu'elles pourroient réprimer ; quand les mœurs
ont changé , on fe flatteroit envain de
les corriger par des loix fomptuaires. Rome en fit l'épreuve dans les
derniers jours de fa République, on
en refpecta la lettre , on en éluda
l'efprit ; de nouvelles inventions
plus fomptueufes fuccédèrent à celles
que l'on venoit de profcrire , &
l'exécution de la loi ne fervit qu'à
prouver combien les loix ont peu
d'empire fur les mœurs,

Eft-ce donc qu'il n'eft plus de remede à chercher , plus de frein à
oppofer ? Ah ! gardons-nous d'offen-
fer la Patrie , en nous livrant à un
défefpoir auffi criminel. Il eft encore
des hommes dont la feule préfence
peut intimider le vice , lorfqu'il ef-
faye de faire rougir à fon tour la

vertu ; il eſt des Corps entiers, qui,
dépoſitaires de l'autorité du Prince,
s'impoſent des mœurs qui juſtifient
publiquement ſa confiance : que de
motifs ſoutiennent leur conſtance,
& animent leur courage ! Ils ſçavent
que les hommes ſont toujours conduits par l'honneur, alors même que
l'opinion le leur montre où il n'eſt
pas ; & ils voyent aſſis au-deſſus
d'eux un Monarque qui tient dans
ſa main l'opinion de l'honneur ; il
abaiſſe ſon Sceptre ſur le front de
l'Idole que l'erreur avoit miſe à ſa
place, le maſque eſt briſé, la diffor-
mité du monſtre met en fuite ſes
adorateurs ; un ſourire de ſa bien-
faiſance, un geſte de ſon indignation, fixent la valeur des choſes ;
c'eſt d'après ces impreſſions différentes que les Sujets d'un Maître
chéri forment tous leurs jugemens,
qu'ils accordent leur eſtime, ou
prodiguent leurs mépris ; & l'o-

pinion une fois établie , l'exemple
eft , après elle , ce qui contribue davantage à décider les mœurs.

Pour prendre une jufte idée du
pouvoir de l'exemple , il ne faut
qu'ouvrir l'Hiftoire : dans cette gal-
lerie immenfe de Tableaux , qui ne
repréfentent , à vrai dire , que les
mêmes actions , fous des époques &
des coftumes différens , nous en
choifirons un capable d'étonner qui-
conque voudroit fe diffimuler l'effi-
cacité de l'exemple , pour n'avoir
pas à s'impofer la loi de le donner.
Caton eft obligé de conduire dans
les Déferts de la Lybie une armée
déja abattue par des revers , & qui
ne fuit fes étendards qu'avec une
forte d'incertitude ; il connoît les
hommes ; voici comment il les pré-
pare aux travaux & les excite à la
conftance : Que celui qui me verra
chercher le repos s'arrête , & fe

ſiij

plaigne des maux que je ne parta-
gerai pas avec lui. Cependant, après
trois jours de marche dans des fables
arides , fes Soldats fe traînoient à
peine , épuifés de fatigue , & brûlés
par la foif ; l'un d'eux apperçoit,
par hafard , un peu d'eau que les
vents du midi ont laiffée , elle peut
tout au plus remplir fon cafque , il
la porte avec joie à fon Général ;
quel préfent délicieux il va lui faire !
Non, Caton la renverfe , elle fuffit
à tous, le courage renaît , la nature
même oublie fes befoins , vaincue
par cet exemple , & l'armée pourfuit
fa route fans murmurer.

Les effets de l'exemple ne font
pas toujours ni auffi rapides, ni auffi
frappans , mais ils font toujours auffi
fûrs ; fon empire ne manque jamais
d'établir une forte de reffemblance
morale entre tous les hommes que
quelque lien réunit. Cette uniformité a bleffé les yeux d'un Philofophe

phe qui eût voulu n'appercevoir par-
tout que les traits originaux d'une
nature non cultivée ; ce fentiment
a été mis, avec raifon, au rang de
fes paradoxes dangereux. En effet,
qui eft-ce qui pourroit defirer de vivre dans une Société ; dont chaque
Membre formé fur un type particulier, feroit de fa volonté le tribunal
fuprême de fes opinions, affecteroit
des mœurs oppofées, des manieres
qui s'entrechoqueroient, & bientôt
fans doute, un langage devenu auffi
différent que les idées qu'il auroit à
exprimer ? L'image de cette confu-
fion répugne à la nature ; elle n'a
jamais pu exifter un feul moment ;
le fauvage lui-même copie le fauvage, l'homme civilifé a plus de
rapports à obferver, plus de variétés à choifir, mais il n'eft pas plus
imitateur ; tous ont un modele d'a-
près lequel ils fe modifient ; & l'efprit eft encore à concevoir ce qu'ils

feroient , s'ilsn'en avoient point eu,

De la néceffité de cette imitation
l'exemple prend fa force , & commande les mœurs qu'il offre aux
regards indécis de ceux qui entrent
dans la carriere : de-là cette lenteur
falutaire avec laquelle s'operent les
révolutions des mœurs ; les ufages
n'exiftent qu'avec la temps, ne fe perdent qu'avec le temps. Ce n'eft pas
que l'on ne puiffe affigner l'inftant
où les uns ont commencé de s'altérer
& les autres de s'établir ; prefque
toujours c'eft un génie plus hardi ,
qui , à la faveur d'une tolérance
funefte , peut-être d'une impunité
accordée à d'autres égards, ofe franchir les bornes de ce que l'on croyoit
permis , & vient ouvrir une route
nouvelle ; les premiers qui y marchent après lui font timides ; perfonne ne voudroit s'y engager , fi la
pente n'en étoit infenfible ; mais à
mefure que le nombre augmente , la

crainte diminue, le retour devient
moins facile ; il faudroit heurter de
front ceux que l'on a soi-même égarés
par son imprudence. On se garde
bien de porter au loin les yeux ; un
secret sentiment semble avertir encore qu'ils seroient effrayés ; chacun
les tient attachés sur celui qui le précéde ; il est tout à la fois son bouclier & son guide ; il ne regarde rien
au-delà. Peut-on s'arrêter un moment à considérer cette marche de
l'esprit humain, sans répéter avec
l'enthousiasme de la conviction cette
vérité tant de fois écrite, & si souvent oubliée : *Le premier qui donne
l'exemple du relâchement mérite flétris-
sure.*

Du moins si les hommes ne cé-
doient au pouvoir de l'exemple, que
lorsqu'ils sont ou séduits ou trompés, la corruption ne seroit jamais
aussi générale ; les vertus de ceux qui
sont assez éclairés pour en connoître

le péril, ne cesseroient point d'en retarder les progrès, & de combattre
l'exemple par l'exemple : mais il faut
l'avouer, ceux qui ont pû résister à
l'illusion sont entraînés par l'intérêt ;
& le principe de leur foiblesse est
dans leur cœur, s'il n'est dans leur
esprit. Le systême moral d'une Société est une convention tacite entre
tous ceux qui la composent, une
mise générale pour participer aux
avantages qu'elle produit, un joug
imposé par la réciprocité ; il prescrit
des devoirs rigoureux ; il exige des
sacrifices pénibles & presque conti-
nuels ; & la comparaison que chaque
particulier fait sans cesse de sa condition & de celle des autres, le porte
nécessairement à choisir ce qui lui
est le plus avantageux dès qu'il est
impuni. Représentons - nous une
masse énorme suspendue pour le sa-
lut commun, plusieurs mains la sou-
tiennent sans efforts, tant que le poids

en eſt également réparti ; que l'un
des bras ſe dérobe à la charge , les
autres s'en appercevront à peine ;
mais le repos de celui-ci eſt bien-tôt
envié par celui qui le voit abandonner ſon poſte ; la déſertion d'un troi-
ſieme enhardit ceux qui héſitoient ;
enfin le ſort des plus conſtans eſt
d'être écraſés par ſa chûte. Telle eſt
l'emblême des mœurs ; l'opinion les
décide , l'exemple les perpétue ; il
nous reſte à faire voir les avantages
qu'elles retirent de l'occupation.

La nature nous a fait un beſoin
de l'occupation , la Société nous en
fait un devoir , l'habitude peut en
faire un plaiſir , & la plûpart des
hommes fuyent toute occupation,dès
que l'intérêt ne leur en fait plus une
néceſſité. Ne parlons pas de la folie
de ces peuples, qui portent l'orgueil
de l'inaction juſqu'à ſe refuſer les
ſoins qu'ils ne peuvent attendre que

d'eux-mêmes. En France (dit le
sage qui compare ces préjugés ex-
travagans) on fait gloire de mieux
travailler ; bel éloge, sans doute ,
& que nous devrions être plus jaloux de justifier ! Mais, que le nombre de ceux qui peuvent y prétendre est peu étendu ! Une fortune
acquise ne donnoit autrefois que le
droit de se livrer à d'autres travaux,
de servir l'Etat d'une maniere plus
désintéressée, de passer dans une
classe plus élevée, & non moins la-
borieuse : aujourd'hui elle est une
dispense absolue de toute occupation ; on fuit jusqu'aux Dignités ,
lorsque les fonctions qui y sont atta-
chées sont pénibles, ou que l'on dé-
sespere d'en rendre la chaîne moins
pesante, & on consent de renoncer
à la considération, dès qu'il en coûte
pour l'acquérir. Les lettres alors occupoient moins de Citoyens , mais
elles les occupoient d'avantage ; il

ne fuffifoit pas de lire les ouvrages
uniquement pour décider de leur mérite ; de parcourir des extraits pour
paroître avoir étudié des traités , &
de manier avec une facilité préfomp-
tueufe quelques textes courans pour
fe mettre au rang de ceux qui ac-
quittent leur dette envers la patrie ,
en lui communiquant le fruit de leurs
veilles : les uns faifoient profeffion
des lettres , ils s'y confacroient ; les
autres les cultivoient par goût , après
avoir rempli des devoirs effentiels ;
elles étoient pour les premiers l'objet d'une étude continuelle ; elles
étoient pour les feconds un furcroît
de travail ; elles ne font aujourd'hui,
pour le plus grand nombre , qu'un
prétexte pour fe refufer à des obligations plus étroites , & une derniè-
re reffource contre l'ennui.

Il femble que la fociété ait con-
fenti de recevoir dans fon fein une
claffe de citoyens inutiles , qui n'y

ayent d'autre titre que leur opulence, d'autre emploi que de faire nombre, comme dit Horace, & de confommer les fruits de la terre.

En vain la nature, contrainte par
la moleffe, les avertit des dangers
de l'oifiveté par la langueur, & le
dépériffement ; ils négligent ces premiers avis, il n'eft plus en leur pouvoir de fe réformer fur les feconds;
ils finiffent par chercher inutilement
toute leur vie des remedes qui puiffent leur rendre une partie des forces qu'ils ont dédaigné d'employer.

En vain le pacte focial leur dit
qu'un citoyen ne peut demeurer
oifif, fans qu'un autre fouffre au
même inftant quelque privation : ils
ferment l'oreille à ces maximes; ils
détournent les yeux de tout ce qui
pourroit les convaincre de la néceffité de cet équilibre. Qui eft-ce qui
fonge à remplir fa vie, à fe rendre
utile à ces concitoyens ? Qui eft-ce

qui s'occupe ? Une foule fe préfente,
tous s'empreffent par divers chemins ; ils circulent, ils s'agitent ;
qui ne croiroit qu'ils méditent de
grands intérêts, qu'ils font conduits
par de grands defleins, qu'ils ont au
moins un but raifonnable ? Ofez en
interroger quelques-uns, & atten-
dez leur réponfe .... Mais
d'abord, ne le demandez pas à cet
adolefcent, qui paroit vouloir fe
déguifer fous fa parure, il fe montre, & ne croît pas que l'on puiffe
avoir un autre objet. Ne le demandez pas à celui qui vient à vous, &
de loin épie déja dans vos geftes le
fujet de votre entretien ; il eft connu,
il cherche, il répand des nouvelles,
on l'a entendu fe plaindre avec amer-
-tume que la paix de l'Univers ne
fourniffoit plus affez d'événemens
pour lui faire fentir le prix de fon
exiftence ; ne vous adreffez pas à
cet autre, fa marché incertaine an-

F v.

nonce qu'il ne veut que fe mouvoir
& changer de place ; interrogez
après cela tous ceux dont il peut
vous refter une meilleure opinion :
ce vieillard femble prétendre au refpect dû à l'expérience de fon âge ;
demandez-lui ce qu'il a fait, il vous
répondra, s'il eft fincere, que fa vie
a été un long repos, qu'il n'a travaillé qu'à fuir l'ennui ; qu'après
s'être long-temps fatigué à le diftraire, accablé de fon poids, incapable
d'aucun exercice qui demandât la vigueur du corps, ou la contention de
l'efprit, il a été forcé de dérober à
un autre fexe le fufeau & l'aiguille ;
pour abréger, s'il étoit poffible, par
une ombre de travail, les momens
éternels de fa folitude ; voilà donc
quelle a été fon occupation, ou plutôt, voilà où l'a réduit le défaut d'occupation ! Il fe félicite encore, avec
raifon, de n'avoir que dégradé fon
être, fans s'être rendu criminel :

dans le nombre de ceux abandon-
nés comme lui à l'oisiveté, il a vu,
les uns se livrer sans honte, à des
passions déshonorantes ; les autres,
chercher une vaine considération
dans un faste ruineux, le soutenir
par des engagemens sans bonne foi,
& forcer la confiance par une per-
nicieuse adresse ; ceux-ci s'armer du
poignard de la satyre, & tenir un
registre journalier des calomnies ;
ceux-là machiner de petites intri-
gues pour produire de grandes hai-
nes, & répandre l'écume de l'envie
sur les vertus qui les humilioient ;
plusieurs se faire une étude constante
des poisons voluptueux de l'intem-
pérance, ou chercher le sommeil de
la raison dans des excès avilissans ;
quelques-uns livrer chaque jour aux
caprices du hazard la subsistance de
toute leur famille ; d'autres enfin
envahir des successions par des bas-
sesses assidues, ou tenter des usur-

pations par des chicanes. Telles
font en effet les routes diverfes où
conduit l'oifiveté ; les circonftances
décident du choix.

Au contraire, l'homme occupé
conferve fans efforts les mœurs les
plus pures: les paffions auroient-elles
le temps de le féduire ? Il ne leur laiffe
pas même le droit de le diftraire. Le
bien d'autrui né peut le tenter ; vou-
droit-il s'expofer à des remords qui
viendroient l'effrayer dans le filence du cabinet ? La réputation des
gens de bien ne l'offenfe pas ; pourquoi chercheroit-il à les déprimer ?
Les uns font fes guides, il les ref-
pecte ; les autres font fes émules, il
les honore. S'il paroît dans la Société, c'eft pour en goûter les dou-
ceurs, & non pour en troubler la
paix : il s'y annonce avec une fécu-
rité modefte & une gaieté franche ;
la bienféance regle fon ton, circonf-
crit fes geftes, détermine toutes fes

démarches ; il eſt ſans eſprit pour les
petites choſes, parce qu'elles ne peuvent s'allier avec les grandes ; bien
différent de ces hommes qui exercent mollement leur imagination ſur
la ſurface des objets, pour qui rien
n'eſt beau s'il n'eſt plaiſant, on ne le
voit point ſaiſir avec avidité ces petits rapports qui font les délices des
eſprits pareſſeux ; l'application eſt
devenue une modification de ſon
ame, elle ne lui coute aucun effort,
elle ſert à ſes plaiſirs comme à ſes
devoirs, ſes délaſſemens ſont d'autres occupations ; de même que
l'obſervateur de la nature découvre ſans ceſſe de nouveaux accidens
dans ſes productions, que le Pein-
tre voit partout de nouvelles nuances, le Deſſinateur de nouvelles
formes ; ainſi l'homme qui penſe
conſerve partout cette activité d'eſprit qui en entretient la vigueur, &
augmente le fond de ſes connoiſſan-

ces ; il l'a porté jufques dans les
cercles , ou plutôt il ne la porte pas,
elle le fuit , & tandis qu'il la cache
avec foin pour la dérober aux traits
de la malignité , elle lui révéle tout
bas la profondeur des idées que l'on
vient d'effleurer ; la réflexion fortifie
chaque jour fes principes , toutes
fes actions font des exemples précieux ; fes mœurs enfin font à l'abri
de tout danger fous la garde de
l'occupation.

LETTRE A M***

Où l'on développe le plan annoncé dans le Discours sur l'état actuel de la Jurisprudence, pour parvenir à la rendre simple, uniforme, universelle & constante.

MONSIEUR,

JE vois que vous avez regardé le Discours que j'ai eu l'honneur de vous envoyer, sur l'état actuel de la Jurisprudence, comme un de ces rêves patriotiques, que l'on ne doit pas espérer de voir jamais se réaliser. Je suis bien sensible à tout ce que vous me dites d'obligeant à ce propos, mais comme j'ai bien moins à cœur de vous plaire que de vous convaincre, en traitant une matiere aussi important, permettez-moi de vous développer mon plan tout entier, plus

librement, & avec plus de détails
que je n'ai pu le faire dans un difcours deftiné à une ouverture d'audiences ; vous jugerez enfuite de la
néceffité de la réforme que je defire,
de fa poffibilité & de fes avantages.

Je n'infifterai pas beaucoup fur la
néceffité , quoiqu'il me fût facile
d'ajouter bien des chofes à ce que
j'ai dit à ce fujet ; mais c'eft l'article fur lequel vous faites le moins
d'objections, & j'ai eu la fatisfaction
d'entendre répéter à tous ceux qui
ont entendu & lû mon Difcours, ce
vœu qu'Abogard formoit déja dans
le neuvieme fiecle : *Atque utinam*
placeret omnipotenti deo ut fub uno
piiffimo Rege, una omnes regerentur
lege, ed ipfa adquam ipfe vivit, & pro-
ximi ejus refpondent ! Valeret profect
multum ad concordiam civium Dei &
æquitatem populorum.

Je conviens qu'Abogard regardoit
auffi l'accompliffement de ce vœu

comme très-difficile, & presque impossible ; mais sans chercher à connoître les obstacles qui pouvoient
s'y rencontrer au temps d'Abogard,
& dans les siecles qui se sont écoulés
depuis ; si l'on veut examiner de
bonne foi la question par rapport
au siecle présent, je ne vois pas
ce que l'on pourroit répondre de
raisonnable à ce que dit à ce sujet
un de nos plus sçavans auteurs,
dans le discours qui précede ses dif-
sertations sur les questions qui naissent de la contrariété des Coutumes ;
c'est-là, qu'après avoir laborieuse-
ment résumé seize principes abstraits,
pour servir à la résolution des questions infinies & infiniment compli-
quées, qui s'élèvent tous les jours
sur la réalité ou la personalité des
statuts, M. Boullenois ajoute, *S'il*
étoit possible de ramener nos Coutumes
à l'unanimité, toutes ces questions
tomberoient.

Pour partager le sentiment qui a dicté ces expressions, il faut se mettre à la place de quelqu'un qui déplore le temps & le travail qu'il vient de perdre à frayer péniblement quelques sentiers étroits dans une forêt d'épines ; qu'il doit sans cesse parcourir, qui renaît à mesure qu'il l'élague, & dont il ne lui est pas permis de couper les racines. Il faut avoir suivi souvent l'échelle des conséquences légales, jusqu'aux principes de la morale, jusqu'aux vérités immuables de l'intérêt moral, de l'intérêt public, de l'intérêt civil, qui doivent leur servir de base ; & avoir trouvé dans nos Loix diverses ces principes & ces intérêts en opposition. Et pensez-vous qu'il y ait dans la société, qu'il y ait dans le Barreau même, beaucoup de gens qui ayent assez profondément réfléchi sur les désordres qui naissent de cette contrariété de Loix?

Il eft dans la nature, que le plaideur
trouve plus belle celle qui lui eft
plus favorable : il eft plus d'un Avocat qui, content de pouvoir appliquer chaque jour quelques décifions
à la matiere qu'il traite, croit que
toute fa fcience eft dans le réper-
toire qui les lui indique ; le Juge le
plus intégre ne peut toûjours éviter
le piége qu'on lui tend, & diftinguer
le vrai dans cette foule de principes
de convention & de vérités de préjugé ; en un mot, nous n'avons plus
de Droit.

Je dis que nous n'avons point de
Droit, en effet, n'arrive - t'il pas
tous les jours qu'un homme de bonne
foi, après avoir ouvert tous les livres, interrogé tous les Jurifconfultes, ne puiffe encore connoître,
avec quelque certitude, ce qu'il
peut & ce qu'il ne peut pas, ce qui
lui appartient & ce qui ne lui appartient pas ? Ne voyons-nous pas ces

Tribunaux privés, que la confiance
du plaideur forme de tous les oracles
du Barreau, réduits sans cesse à l'en-
courager ou à l'effrayer ; au contraire, sans pouvoir mettre dans leur
balance incertaine, que des craintes
& des espérances ; d'un côté , le
calcul des frais immenses, de l'autre,
la chance comparée avec la mise.
Qui est-ce qui ne leur a pas oui dire
cent fois, après les recherches les
plus exactes : il y a des arrêts pour
& contre; la Jurisprudence ancienne
vous donnoit ce que vous demandez ; la Jurisprudence récente vous
l'ôte , ou bien la question est absolument neuve ? Voilà donc les oracles
que nous devons attendre de ceux
même qui sont les plus consommés
dans l'étude des loix ! Que veulent
dire ces changemens de Jurisprudence ? qu'est-ce donc qu'une question
neuve ? Quoi, il ne m'est pas possible
de prévoir ce qui est juste & ce qui

ne l'eſt pas ; & ſi le hazard me place
dans des circonſtances où la moitié
de ma fortune dépende d'une queſtion neuve, je ferai obligé de ſacrifier l'autre pour faire faire la loi ? Je
me verrai condamner à la peine du
plaideur téméraire , pour n'avoir
pas connu une loi qui n'exiſtoit pas
encore ? C'eſt-là , ſans doute , le
comble du déſordre politique , c'eſt
l'opprobre d'une nation policée &
floriſſante , & la perſpective la plus
effrayante pour le citoyen paiſible.

Je ne doute pas qu'il ne ſe trouve
des gens qui décideront ſuperficiel-
lement que la république ne s'appauvrit point des pertes des particuliers , & qui croiront avoir déve-
loppé tout d'un coup toutes les
vues de la plus ſublime politique ,
s'ils ajoutent que la multitude même
des procès eſt néceſſaire à la ſubſiſ-
tance de toute une partie conſidérable de la ſociété : je n'ai qu'un mot

à répondre pour couvrir de confu-
fion ceux qui tiendroient ce langage :
c'eſt que dans leur ſyſtême, les crimes auſſi ſeroient néceſſaires pour
faire vivre les bourreaux. En général il n'y a pas de préjugé plus faux,
ni plus contraire à l'utilité publique
& particuliere, que celui qui, déna-
turant l'inſtitution des choſes, conſidere dans l'établiſſement des pro-
feſſions, non l'avantage qu'elles pro-
curent à la république, mais la poſ-
ſeſſion où elles ſont d'exercer un art
qui lui devient à charge dès qu'il
ceſſe d'être néceſſaire. Que l'on propoſe une invention qui ſimplifie les
travaux, qui diminue la main-d'œu-
vre, vous voyez auſſi-tôt ces ariſ-
tarques politiques déplorer le ſort
de quelques apprentifs qui ſeront
obligés de chercher un autre atte-
lier ; je ne ſçais comme ils n'ont
point encore imaginé de ſoutenir
qu'il faudroit continuer la guerre

avec nos ennemis , ou la déclarer à nos alliés , plutôt que de réformer quelques milliers de soldats
qui n'ont appris que l'exercice. Si
l'Inventeur de l'Imprimerie préfentoit aujourd'hui fon projet, on les
entendroit plaider la caufe des Ecri-
vains du charnier des innocens , &
dénoncer comme un crime d'Etat
la découverte de la poffibilité de
faire exécuter fupérieurement par
deux ou trois ouvriers, ce qui en
auroit occupé plus de deux mille (1) :
ils n'ont pas encore pu voir que la
richeffe réelle de la fociété s'aug-
mentoit non-feulement des produc-

---

(1) On peut voir à ce fujet la première
introduction à la Philofophie économique,
par un Difciple de l'Ami des hommes. Je
ne connoiffois pas cet ouvrage lorfque j'é-
crivois cette lettre ; j'y ai trouvé le même
exemple : il en indique un autre qui n'eft
pas moins frappant, l'Invention des métiers
pour les ouvrages de bonneterie.

tions de l'induſtrie, mais encore de
la diminution du temps & des bras
qu'il falloit employer, qu'en les
rendant inutiles dans une branche,
on les force de ſe reporter dans
une autre qui en a beſoin pour s'é-
tendre & ſe perfectionner ; qu'il
n'en réſulte donc, d'une part, que
le rabais du prix conventionnel,
& de l'autre, une jouiſſance plus
multipliée, un bien être plus général; ce ſont de ces choſes où l'équilibre ſe retrouve toujours par la néceſſité même des circonſtances,
Quand on aura découvert une ba-
guette merveilleuſe, qui fera ſortir
de terre des palais tout conſtruits,
les maçons ne ſeront pas en aſſez
grand nombre pour porter les livrées
de ceux qui les habiteront. Il n'y a
donc que le ſentiment d'un orgueil
barbare & réfléchi, qui puiſſe faire
craindre aux riches de voir devenir
à vil prix l'aiſance phyſique ; mais
les

les objets du luxe qui reftera dans la
même proportion, ne fuffiront-ils
donc pas pour leur conferver cette
inégalité qui leur eft fi chère?

Si ces réflexions font vraies en
général, peut-on balancer à les
adopter, par rapport à la Jurifprudence ? Tant qu'il y aura une propriété, & des formes établies pour
l'affurer, & des paffions intéreffées
à les corrompre, on ne doit pas
craindre de voir tarir la fource qui
nourrit les gens de loix ; ceux qui
voyent de près les objets & qui fça-
vent les juger, n'ignorent pas que
lorfque le droit fera affez certain
pour que les affaires fe traitent plus
fimplement, on en expédiera davantage ; ce n'eft pas un bien qu'elles fe
multiplient, mais c'eft un grand mal
quand le foible dépouillé eft contraint au filence. Quelle paix que
celle où l'on ne demeure que par
l'impuiffance de repouffer l'injuftice!

Tome I.   G

l'averſion des remedes eſt-elle donc
un ſigne de ſanté ? J'ai oui dire à des
gens qui ſe croyoient de bonnes
têtes , que, l'énormité même des
frais de procédure devenoit avanta-
geuſe , & qu'elle diminuoit le nombre des procès ; un Médecin, qui
étoit auprès de moi , me demanda
ce que j'en penſois, je lui répondis ;
tout de même qu'un impôt ſur l'émé-
tique diminueroit le nombre des
malades , en faiſant périr ceux qui
en auroient beſoin, & ſe trouve-
roient hors d'état de le payer. En
faiſant ceſſer l'incertitude & les lon-
gueurs qui effrayent ſouvent ceux
qui ſont dans le cas de recourir à la
juſtice, il ne faut pas douter qu'on
ne voye un plus grand nombre de
malheureux ſe préſenter à ſon Tribunal : la profeſſion des gens de loix
retrouvera donc d'un côté , ce
qu'elle aura perdu de l'autre; l'eſpèce
de tribut qu'elle lève ſur la ſociété

ne produira pas moins , mais il fera
plus légitime , plus également réparti & moins onéreux.

Je reviens à cette autre maxime
de nos politiques, que la république
ne s'appauvrit pas des pertes des
particuliers : je la crois vraie en
elle-même ; mais y a-t'il rien de
plus odieux que la fauſſe application qu'on en fait journellement ?
Non , fans doute, quand un voleur
me prend une pièce de monnoie,
la république n'en eſt pas plus pau-
vre ; la même quantité de métal ,
pour être dans une autre main , ne
ceſſe pas pour cela d'être dans la
maſſe de ſes biens ; tant que ce
larcin ſera ignoré, il pourra demeurer impuni , il n'en réſultera rien
que la perte qui me ſera perſonnelle ; mais, qu'on le connoiſſe , &
qu'on le tolere , je maintiens que
la république n'eſt pas ſeulement
appauvrie , mais qu'elle eſt ruinée,

qu'elle perd en un inftant toutes fes
propriétés ; car, qu'eft - ce qu'une
propriété qui n'eft pas affurée, pro-
tégée, garantie par les loix ? C'eft
un tréfor qui ne donne à celui qui le
poffede que l'inquiétude de le conferver ; il le charge plus qu'il ne
l'enrichit ; il n'en jouit que comme
la fentinelle placée à la porte du tré-
forier, jouit de la caiffe militaire ;
loin de la communiquer, il l'enfouit
pour la dérober à tous les regards ;
il voudroit en éteindre le fouvenir.
Ce que l'avarice perfuade à quelques-
uns, la prudence le commande à
tous, & faute de confiance & de
circulation, toutes les richeffes font
mortes pour la fociété ; que ce dé-
défordre continue, tout eft perdu ;
le citoyen fe laffe bientôt de veiller
à la défenfe d'un bien qu'il reconnoît
fans prix ; il s'accoutume infenfiblement à ne le plus eftimer ; toutes fes
affections fe réfléchiffent fur lui feul ;

tous les liens qui l'attachoient à la deſtinée commune s'affoibliſſent , & il ſe regarde comme étranger ſur un ſol dont il n'a qu'un uſage incertain & précaire. Que l'on me diſe maintenant ſi une république qui compte beaucoup de ſemblables citoyens , n'eſt pas réellement appauvrie ?

C'eſt bien la plus funeſte de toutes les erreurs que d'imaginer qu'un préjugé , fondé ſur l'intérêt , puiſſe ſubſiſter long-temps après qu'il en eſt ſéparé, & qu'il ſuffit de crier au devoir pour exciter un ſentiment. Si l'amour de la Patrie n'eſt pas la conſéquence de toutes nos affections, ce n'eſt plus qu'un vain nom ; l'eſclave qui n'a rien , ſent le deſir de changer de maître , dès qu'il entrevoit une meilleure condition ; & l'attachement du propriétaire à ce qu'il poſſede , y met un prix qui ne trouve point d'équivalent. Veut-on en ſçavoir la juſte cauſe ? Elle eſt

G iij

dans cet inſtinct naturel qui lui perſuade , indépendamment de toutes
les loix humaines, qu'il a plus de
droit de conſerver que d'acquérir ;
& c'eſt déja un grand mal quand l'é-
goïſme a fait aſſez de progrès , pour
que la ſituation de nos propriétés
nous ſoit indifférente , pour que
les liens de l'habitude n'ayent plus
ſur nous qu'un empire ſubordonné à
l'ambition , pour que les fonds que
nos peres ont cultivés ne nous paroiſſent pas plus précieux que celui
que nous venons d'échanger contre
le ſigne arbitraire de la richeſſe. Que
reſtera-t'il enfin pour nous retracer
une ombre de propriété , ſi elle ceſſe
encore d'être aſſurée par les loix
civiles , ou, ce qui eſt bien pis , ſi
ces loix ſe jouent de la confiance
qu'elles inſpirent , & n'enchaînent
les volontés que pour les ſoumettre
à l'injuſtice ? Or, c'eſt ce qui arri-
vera néceſſairement tant que la Ju-

risprudence ne sera qu'une science
d'opinions locales, tant qu'elle ne
sera pas assez simple pour être bien
connue, assez uniforme pour que
les décisions particulières ne forment
pas un chaos de conséquences contradictoires.

Dans le nombre des auteurs que
vous m'indiquez sur la question de
l'influence des climats, je ne crains
pas de dire qu'il n'y en a point qui
l'ait traité avec plus de force & de
vérité que celui que je cite dans
mon Discours ; (r) au reste, vous
sçavez aussi - bien que moi, que
quand un génie d'un certain ordre
a embrassé un système, il a bientôt
une infinité de copistes qui le ré-
petent sans examen. Attachons-nous
donc, dans des matieres sur - tout
de cette importance, à peser les
raisons, plutôt qu'à compter des

(2) M. Grosley.

opinions qui ne font que d'étendre
la fecte, fans rien ajouter à l'autorité
de fon chef, Je diftinguerai feulement
deux hommes parmi ceux dont vous
m'oppofez le fuffrage, parce que la
réputation dont ils jouiffent, à jufte
titre, ne permet pas de douter qu'ils
n'ayent examiné par eux-mêmes la
queftion, & qu'il en réfulte un préjugé d'autant plus fort pour la thefe
qu'ils ont choifie, Je ferois donc
réellement fâché, pour l'intérêt de
la vérité, que la néceffité de la diverfité des loix, fuivant l'influence
des climats, eût encore deux partifans tels que M, de Voltaire & le P,
Hénaut ; mais, par rapport au premier, vous me ferez plaifir de m'indiquer les endroits de fes ouvrages
où il annonce ce fentiment (3), car

-----

(1) Depuis cette lettre écrite, M. de
Voltaire s'eft expliqué de la maniere la plus
précife & la plus énergique fur cette queftion ; on peut en juger par les paffages fui-

je vous avoue que j'en ai conſervé
une idée bien différente.

M. le P. Hénaut a bien prouvé,
par ſon Abrégé Chronologique, qu'il
n'étoit pas moins bon politique &
habile publiciſte, qu'hiſtorien exact,
& ſage écrivain, & c'eſt ce qui a
fait le ſuccès éclatant de cet ouvrage;
mais ſon plan ne lui permettoit pas
de longues diſcuſſions, auſſi n'a-t'il
fait que jetter en paſſant quelques
réflexions ſur la diverſité de nos loix,
j'ai eu l'avantage de les lui entendre
développer l'été dernier dans une
converſation auſſi longue, auſſi
ſuivie, que ſes infirmités pouvoient

---

vans, extraits d'un de ſes derniers ouvrages:
Le climat a quelque puiſſance, le Gouverne-
ment çent fois plus ... Un homme qui voyage
en France change de loi preſque autant de fois
qu'il change de chevaux ... Ce qui eſt vrai dans
le faubourg de Montmartre, devient faux dans
l'Abbaye de Saint Denis. Dieu aye pitié de
nous !

G v.

le permettre, & cela, à l'occafion
de mon Difcours fur l'état de la
Jurifprudence que j'avois eu l'honneur de lui offrir, & qu'il avoit lu
peu de jours auparavant ; je puis
vous affurer, qu'il n'étoit nullement
éloigné d'avouer la néceffité de la
réforme & les avantages de l'uniformité ; il n'y mettoit qu'une feule
condition : c'étoit de donner des
loix diverfes aux diverfes conditions.
Recourez à fon texte, & vous verrez
qu'en effet, il ne préfente aucun
motif qui puiffe appuyer une autre
reftriction ; or, il eft certain qu'elle
n'a aucun trait à la queftion de l'influence du climat, qu'elle ne contrarie nullement le vœu de l'uniformité.

Je dis qu'elle n'a point de rapport
à la queftion de l'influence du climat;
en effet, il n'y en a aucun dans le
Royaume que l'on puiffe dire habité
par des hommes qui forment entre

eux une claffe particuliere & exclu-
five ; il faudroit fuppofer que , par
la nature même du fol , leurs propriétés & leur induftrie font incom-
municables ; & c'eft comme fi l'on
difoit , que leur pofition les met de
fait hors de la puiffance de toute
domination ; autrement , dès qu'ils
reconnoîtront les mêmes loix politiques & d'adminiftration , ils n'auront aucun droit , aucun intérêt à
en troubler l'harmonie , par l'habitude de quelques fauffes idées de
juftice diftributive.

La reftriction de M. le P. Hénaut
n'eft pas contraire au vœu de l'u-
niformité : on n'a jamais imaginé
que le droit qui régiffoit tout l'empire Romain , ne fût pas uniforme ,
parce qu'il contenoit des difpofitions
différentes pour les hommes libres
& pour les efclaves ; rien n'empêche
donc que l'on n'établiffe des principes de jurifprudence différens , ou

C vj

même contraires, s'il le faut, fur
bien des points par rapport aux nobles, aux roturiers, aux commer-
çans, aux cultivateurs, &c. Cette
Jurifprudence ne fera pas moins
uniforme, lorfqu'elle liera, par les
mêmes regles, tous les biens, tous
les fujets de pareille condition, dans
tout le Royaume.

Je ne puis me refufer une derniere
réflexion, bien capable de défabufer
ceux qui tiendroient encore aux
coutumes locales fur le fondement
de quelque prétendu rapport avec
les mœurs. Entend-on par-là les
mœurs anciennes, les mœurs de
ceux qui dépofoient fous Charles
VII de ce qu'ils avoient vu juger
dans les Bailliages, lorfqu'il étoit
queftion de former une jurifprudence provifionnelle, des erreurs
habituelles de leurs Baillifs ? Alors
je conviendrai fans peine, que les
mœurs de nos ancêtres ont pu dé-

cider quelques unes des loix qu'ils
adoptoient ; qu'il est probable du
moins qu'elles durent être consultées
pour la rédaction des articles qui
intéressoient les actes les plus fré-
quents de la vie civile ; quoique la
proximité & la confusion des territoires, d'accord avec le récit des
historiens, prouvent bien que le
caprice de l'usage & la singularité des
opinions y eurent plus de part que
l'analogie du système moral. Mais
que me répondroit-on, si je faisois
voir que la manière d'interpréter
ces loix les a entièrement altérées ?
J'aurai occasion de citer une disposition littéralement identique dans
deux Coutumes limitrophes, & qui y
est respectivement indiquée comme
le fondement d'une Jurisprudence
contradictoire, précisément sur l'article le plus subordonné aux mœurs ;
en second lieu, qui est-ce qui n'a
pas vu la distance prodigieuse des

mœurs de ce temps à celles du nôtre?
Nos peres , plus occupés à conferver qu'à acquérir , plus jaloux de
tranfmettre que d'augmenter leurs
propriétés , attachés à leurs pof-
feffions, qu'ils ne quittoient que pour
la guerre , obligés d'y confommer
les fruits qu'ils ne pouvoient ex-
porter , ne connoiffant d'autre
bien, d'autre induftrie , avoient peu
befoin des loix civiles ; il y avoit
moins d'inconvéniens qu'elles fuffent particulieres & locales ; il étoit
plus naturel enfin qu'ils cherchaffent
à fe les conferver. Ce temps étoit
celui où d'épaiffes forêts partageoient
la France en autant de parties qui fe
regardoient réciproquement comme
terres étrangeres, où le plus grand
nombre des habitans des provinces
mouroient fans être fortis de leur
pays, fans y avoir vu perfonne qui
pût leur apporter d'autres préjugés ;
où quand un pere de famille étoit

obligé de voir la Capitale, on se
demandoit avec inquiétude : a-t'il
fait son testament ? Aujourd'hui toutes les mœurs des provinces sont
fondues, toutes les nuances ont
disparu ; il n'est pas question d'examiner ici, ou de rappeller inutilement ce qu'elles peuvent y avoir
perdu ; la multiplicité des routes
ouvertes, le commerce aggrandi
par le luxe, les progrès de l'industrie, la masse des richesses fictives
devenue en quelque sorte, plus considérable que celle des richesses foncieres, des milliers d'emplois distri-
bués sur toute la surface du royaume, par la nécessité de leur créa-
tion, ont fait circuler les hommes
dans son intérieur, à peu près comme
les espèces ; & la nécessité de cette
circulation les a tous insensiblement
frappés au même coin. Quand on
m'aura donné un seul exemple d'un
Seigneur, qui refuse de conserver

ou d'acquérir une terre dans telle
Coutume, précisément parce qu'elle
en règle l'exploitation ou la disponibilité ; quand on me citera un seul
homme qui, avant que d'accepter
une place, un établissement, un
emploi, une maîtrise qui lui pro-
mettoit quelques avantages, (1) se

----

(1) Je ne parle ici que des établissemens
qui constituent le domicile de choix, &
qui assujettissent en conséquence aux loix
statutaires du pays habité ; mais la réflexion
deviendra générale pour toutes les commis-
sions, pour tous les emplois, sans exception,
si l'on considere que la maxime, *locus regit
actum*, oblige du moins à se conformer à
ces usages, quant à la forme des contrats.
Que ceux qui ne connoissent pas tous les
maux qui naissent de la diversité de ces usages, ouvrent quelques-uns de nos Compi-
lateurs d'Arrêts, ils y trouveront un bon
nombre d'exemples de débats fameux, ter-
minés par l'anéantissement des actes les plus
importans, sans qu'on pût imputer aucune
faute à l'Officier public, que d'avoir ignoré
le droit d'une province éloignée.

soit informé quelles étoient les loix
du pays dans lequel il alloit se fixer,
alors je conviendrai qu'il reste encore une sorte d'attachement aux
usages locaux ; mais jusques-là je ne
vois aucune raison générale de différer l'exécution du plan que je propose. Essayons de prendre une juste
idée des obstacles qu'il pourra éprou-
ver, en jettant un coup d'œil sur les
usages particuliers que les uns ou les
autres seront obligés de sacrifier à
l'uniformité.

§.

Il faut ici considérer, sous trois
points de vue, les dispositions du
Droit coutumier. Les unes tiennent
à des priviléges ; & forment des
titres généraux ou de propriété,
ou d'affranchissement, ou de liberté;
les autres, en petit nombre, comme
reglant des actes familiers, peuvent
être connues d'un certain nombre
de citoyens & leur avoir inspiré une

forte d'affection & d'habitude ; les
autres enfin , & c'est ici la claſſe la
plus conſidérable , ébranlées par des
variations ſucceſſives , par des interprétations contradictoires , ſont
déja pour la plupart abolies par les
vœux de ceux qui ſuivent le barreau,
& ſont au moins très-indifférentes à
tout le reſte de la ſociété.

PREMIERE CLASSE.

I. Par rapport aux premieres , il
ſeroit bien à deſirer ſans doute que
les peuples des différentes provinces
frappés des avantages politiques &
moraux qui ſe trouvent toujours en
proportion de l'uniformité , plus ou
moins parfaite , vouluſſent ſacrifier
au bien général quelques prétentions
dont ils retirent ſi peu de fruits ; (1)

---

(1) » Il n'eſt point de raiſons particulieres
» qui ne doivent céder aux raiſons du bien
» commun de toute la nation. Les provinces
» qui reclament leurs loix ne ſçavent ce

mais demandons moins pour être
plus fûrs d'obtenir. Commençons
par retrancher de ces priviléges tous
ceux que la néceffité de l'uniformité
de l'administration a fucceffivement
anéantis, (1) ou du moins, qu'elle
a rendus illufoires, le refte fera bien
peu de chofe ; il fe réduira à un
petit nombre de dérogations à
quelques articles du titre des droits
feigneuriaux. Eh bien, les conventions ne dérogent-elles pas tous les
jours au Droit civil, qui eft le feul
qui nous occupe ? Nous regarderons

»qu'elles demandent, elles travaillent contre
»elles-mêmes, elles veulent nourrir dans leur
»propre fein le ferpent qui les fatigue tous les
»jours & qui les tue «. Boullenois, Differt.
fur les Cout., Difc. prélim. L'engagement
de conferver à une province fes anciennes
loix, *ne doit pas empêcher d'en corriger les fautes ou de fuppléer à ce qui peut y manquer pour
le bien public.* Edit du mois d'Août 1729.

(1) Voyez Boullenois, queft. 10, pag.
204 & fuivantes.

donc ces usages, spécialement ré-
servés, comme des contrats publics
entre telle & telle classe de citoyens
qui ne doivent pas avoir moins de
force que les contrats privés, qui
deviennent la loi des parties, &
loi supérieure à la loi publique, dès
qu'ils ne contiennent rien d'illicite.
Ainsi, sans blesser absolument l'uniformité que je réclame, sans troubler l'harmonie du droit nouveau,
on dira par exemple à Paris : *nulle
terre sans seigneur ;* & en Bourgogne,
nul seigneur sans titre ; & tandis que
le droit naturel enseignera que toutes
les propriétés foncieres sont allodia-
les, tandis que le droit public exa-
minera si c'est la présomption du fief,
ou la présomption du franc-aleu qui
a dû être introduite par convention
ou par concession, le droit civil se
bornera à imposer aux Juges l'obligation de suivre dans leurs jugemens
les titres respectifs des parties.

Il en fera de même de tous les
droits & devoirs feigneuriaux univerfels dont les titres pourroient
être remplacés par ces fortes de
préfomptions publiques, dérivant,
d'une part, d'une reconnoiffance
générale au terrier, & de l'autre,
de l'affiette des fonds, ou de l'habitation dans la directe. Je dis, *droits*
univerfels, *reconnoiffance générale* ;
car, hors de ces cas, il n'y a rien de
fi odieux ni de fi injufte que le privilége qui déclare, par exemple, les
cens feigneuriaux imprefcriptibles ;
c'eft renverfer tous les principes de
la prefcription, c'eft fe jouer ici des
regles que l'on croie ailleurs fi falu-
taires ; que l'on établit en d'autres
occafions au-deffus de toute faveur ;
il n'y a aucun motif, nulle diftinction
de chofes & de raifons, il ne peut y
avoir eu que celle de la condition,
c'eft-à-dire, celle du puiffant & du
foible. Je conçois parfaitement que

celui qui possede des fonds dans une
directe, qui a cens universel, n'a
rien à répondre lorsqu'on lui en
forme la demande, fut-ce après deux
cens ans de possession libre, parce
que l'universalité du droit, & les
limites du territoire n'ont cessé de
réclamer contre cette exemption,
parce qu'il a dû toujours avoir à la
main le titre de son affranchissement,
& que s'il a négligé de le conserver,
c'est son exemption particuliere qui
est prescrite & non le droit universel ; mais, quand au lieu des limites
publiques de la directe, il s'agit de
retrouver d'anciens confins particuliers, que la succession des temps a
détruits ou dénaturés, que le Seigneur est réduit à une identité obs-
cure & incertaine pour faire revivre
un titre laissé par ses auteurs au
nombre de leurs papiers inutiles ;
quand le propriétaire inquiété depuis la découverte récente d'une

apparence de placement, décou‑
verte qui n'est due le plus souvent
qu'à la funeste industrie des réno‑
vateurs de terriers, aussi hardis,
mais plus criminels que les faiseurs
de généalogies ; quand ce proprié‑
taire vient dire à la Justice ; mon
héritage est entouré d'héritages qui
ne doivent rien ; tous ceux qui l'ont
vendu, l'ont déclaré de même na‑
ture ; tous mes auteurs connus en
ont joui avec cette intention publi‑
que de franchise, contre laquelle
rien ne réclamoit : & l'on vient me
la contester après plus de cent ans,
après que la memoire des contradic‑
tions que cette demande a peut‑être
déja plus d'une fois éprouvée, est
entierement perdue, après que les
changemens de fortune de mes ga‑
rans m'ont laissé sans ressource !
Convenons de bonne foi que c'est
avoir deux poids & deux mesures
que de ne pas appliquer à un cas

pareil la loi impérieuse & salutaire,
qui punit la longue négligence &
assure la tranquillité des citoyens,

La main-morte elle - même peut
subsister sous ce point de vue & avec
cette modification, sans exiger dans
nos pandectes autant de dispositions
différentes & contraires, qu'il y a
de provinces & de divisions coutumieres de provinces dans ce Royaume; car il est évident que, même,
après l'abolition entiere de cette servitude, rien n'empêcheroit un ou
plusieurs propriétaires d'abandonner
pour un certain prix, au Seigneur,
le domaine direct de leurs fonds,
en s'en retenant le domaine utile, à
la seule charge de la consolidation,
la condition arrivant de leur décès
sans communiers; & que cette convention n'embarrasseroit pas plus la
Jurisprudence que celles qui se font,
tous les jours, sous le titre d'aliéna-
tions

tions à fonds perdu. Cependant je ne
puis me perfuader que l'on touche
jamais à cette matiere fans abroger
au moins tout ufage qui tendroit à
imprimer, à perpétuer une fervitude
perfonnelle ; & j'avoué que je vois
avec plaifir, que l'on feroit forcé
d'en venir là dès que l'on s'occupe-
roit férieufement de remplacer, par
des principes fages, réfléchis, con-
féquens, des opinions abfurdes, incohérentes, & qui n'ont d'autre autorité que le caractere de barbarie,
qui en affure la date.

Je pourrois demander à ceux qui
ofent encore fe vanter d'avoir des
hommes dans leur patrimoine, de
quel droit ils prorogent la durée
d'une fervitude corporelle, fi for-
mellement abolie dans tout le royaume par la chartre de 1141, par
l'Edit de Louis X de 1315, par
celui de Henri II de 1553 ; & qui
eft-ce qui ne fçait que la néceffité

Tome I.   H

du défaveu, le droit de fuite, &c. font autant d'effets de cette tache originelle impofée à la perfonne ? Mais il vaut mieux apprécier l'intérêt que contefter le droit de ceux qui feroient attachés à ces ufages ; quelques échutes rares, toujours contentieufes, peuvent-elles entrer en compenfation de l'augmentation des preftations annuelles & des droits de mutation, qui feroient le prix du rachat de la main-morte ; il y en a peu fans doute qui comptent aujourd'hui fur les fucceffions de ceux qui auroient fait une fortune confidérable hors de leur territoire ; il a été jugé qu'ils n'avoient rien à prétendre fur les biens que leurs hommes pouvoient laiffer en pays étrangers ; & les autres provinces ne font-elles pas réellement pays étrangers à leur égard ? N'eft-ce pas la premiere condition d'une loi coutumiere de ne pouvoir commander hors de fon

territoire ? & cependant on voudroit
qu'elle pût enchaîner l'habitant d'une
autre province contre le droit public de la France, contre le droit particulier de cette même province! On
a des exemples de villes qui font in-
tervenues pour contester de pareilles
prétentions, pour maintenir la liberté de leurs habitans, & de simples
bourgs, l'ont réclamée avec succès
contre les Seigneurs de main-morte;
à peine conçoit-on que les opinions
ayent jamais pu être arbitraires au
point de s'égarer fur cette question.

Je fçais que la main-morte a encore des partifans qui prétendent
que cette servitude favorife l'agriculture & la population, en atta-
chant les hommes à la *glebe*; mais
est-il poffible que l'on n'ait pas apperçu toutes les contradictions que
préfente ce raisonnement ? Quoi !
c'est favorifer la population d'un
pays, que d'y entretenir une loi qui

en exclut tout commerce, toute induſtrie, en éloignant, par l'horreur
de la condition ſervile ; tous ceux
qui pourroient les y apporter? Quelle
eſt la femme franche, qui conſent à
épouſer un main-mortable, lorſqu'elle ſçait qu'elle perd ſa liberté
naturelle, celle de ſes enfans, &
la libre diſpoſition de ſes biens, par
le ſeul fait de l'habitation dans ſon
domicile ? Quand on ne veut voir
les choſes que ſous l'aſpect qui peut
leur être favorable, on ſe perſuade
aiſément que l'avantage que l'on
conſidere l'emporte ſur tous les
inconvéniens. C'eſt ainſi que les
partiſans de la main-morte s'exagerent le bon effet qui doit réſulter
au moins de la ſervitude réelle, en
ce qu'elle fouſtrait une partie des
fonds à l'ambition des grands propriétaires, & qu'elle les conſerve
ainſi dans le patrimoine de ceux qui
les cultivent. Qui ne croiroit, à

entendre ce raifonnement, que la
main-morte eft une forte de fubfti-
tution perpétuelle aux cultivateurs ?
Elle a précifément un objet tout
contraire, qui eft de faire rentrer
tous ces mêmes fonds dans la main
du Seigneur, & il en connoît trop
aujourd'hui la valeur pour les relaif-
fer au même prix ; fi les échutes font
rares par la précaution du main-
mortable, de ne jamais être fans
communier, le Seigneur calcule en
conféquence l'avantage qu'il peut
retirer des affranchiffemens, & voilà
les grands propriétaires à leur aife ;
enfin, la néceffité même de cette
communion arrête les progrès de
l'agriculture divifée, engloutit plufieurs ménages dans un feul, ne laiffe
qu'une tête à plufieurs bras, d'autant plus nonchalants, que le pro-
fit de leur travail eft plus partagé ;
&, ce qui eft bien plus odieux,
prive fouvent de toute exiftence

H iij

civile, des hommes faits, des vieil-
lards, des peres mêmes, dans les
lieux où le mariage n'émancipe pas.

Je me borne à ces exemples fur la
premiere Claſſe des diſpoſitions différentes des Coutumes ; on auroit plutôt fait, ſans doute, pour les ramener à une parfaite uniformité , de
déclarer rachetable à un prix tarifé ,
tous ces droits qu'elles reglent arbitrairement ; il eſt facile de prouver
que tout le monde y gagneroit ; c'eſt
déjà le vœu de bien des gens ſages
& éclairés ; il s'accomplira ſûrement
un jour ; mais encore une fois , laiſ-
ſons tout ce qui peut abſolument ſubſiſter ; on peut différer une réforme
qui n'a pour objet qu'un mieux poſſible , & nous devons principalement
notre attention à ce qui eſt urgent
& neceſſaire.

SECONDE CLASSE,

II. Les diſpoſitions différentes des

Coutumes qui forment la *feconde Claffe*, font, comme je l'ai annoncé, les feules qui puiffent avoir infpiré, à ceux qui vivent fous leur empire, une forte d'affection, d'habitude & de préjugé, parce quelles étendent ou refferent la liberté naturelle dans les actes les plus familiers & les plus importans. Ici, c'eft la loi qui donne ; entreprendre de la changer, c'eft tromper ceux qu'elle appelle, c'eft vouloir déchirer entre leurs mains leurs titres les plus précieux : là c'eft l'homme qui difpofe ; renoncera-t'il à ce droit fi flateur ? Et quand il y renonceroit, fa voix ne feroit - elle pas étouffée par les murmures de ceux qui fe croyoient préférés ? Comment parvenir à concilier tant d'intérêts divers ! Je pourrois ré-pondre que ce n'eft pas ici un conflit de raifons, mais de paffions , & que la voix de la loi s'élevant au - deffus des circonftances qui les font naître,

H iv

& ne calculant que l'intérêt général, ferabien-tôt uniforme. Qui ne voit, en effet, que chacun opinant dans fa caufe, ne manqueroit pas d'indiquer au Légiflateur le parti qui lui feroit favorable, de l'étayer de tous les fophifmes que lui fuggereroit fon ambition, qui l'auroient peut-être féduit; qu'ainfi tous les fuffrages feroient emportés en fens contraire, par le feul hazard d'une naiffance, d'un prédécès, ou autre femblable circonftance, & que ceux qui croyent encore à l'influence du climat, ou qui réclament des droits différens, pour les différentes conditions, voyant ce partage dans le même lieu, dans les opinions de tous les ordres de citoyens, feroient forcés de convenir enfin, que toutes ces confidérations font bien peu fenties en comparaifon du plus léger intérêt perfonnel; mais ne nous arrêtons pas à ces généralités; cette matiere mérite bien d'être plus approfondie.

Si les difpofitions Coutumieres, qui doivent être rangées dans cette claffe, font celles dont la réforme exige le plus de circonfpection, elles fe réduifent auffi à un fi petit nombre d'articles, qu'après en avoir féparé tout ce qui ne leur eft qu'acceffoire ou indifférent, il fera aifé d'en préfenter le tableau, pour mettre à même de prononcer définitivement fur la poffibilité de les concilier.

J'écarte d'abord tout ce qui ne regarde que les formes des actes, ou qui n'en intéreffe pas la fubftance; c'eft au Légiflateur à les régler ; le vœu & l'intérêt général font qu'elles foient fimples & connues ; or, ces deux conditions ne peuvent être remplies que quand elles feront uniformes dans tout le Royaume : Il m'importe fort peu que mon parent appelle deux ou fept témoins pour m'ôter ou me donner fon bien. ;

H v

& il est au moins singulier qu'il faille, dans une paroisse, trois fois autant de signatures que dans une autre, pour produire la même authenticité ! Il y a sans doute une juste mesure de précautions suffisantes, elles ont par tout le même objet, elles doivent par tout suivre les mêmes regles, & opérer les mêmes effets. Personne ne peut donc s'opposer à cette réforme, déja entamée avec fruit par les Ordonnances de 1731 & 1735, si ce n'est quelques vieux Praticiens dont le formulaire deviendra inutile, mais qu'on se gardera bien de consulter.

Il faut pareillement retrancher tout ce qui, par sa nature, est plutôt du ressort des conventions que du ressort de la loi. Qu'est-il besoin de s'occuper à concilier les divers statuts qui établissent la communion des biens, le mariage divis, l'ameublissement, &c. qui fixent le douaire,

le préciput légal, le gain de furvie,
&c., puifque le pacte matrimonial y
déroge licitement ? Si, par ce contrat, les conjoints peuvent fe foumettre aux Coutumes différentes de leur
domicile, fi cette liberté s'étend
jufqu'à divifer les difpofitions de
celles qu'ils préferent, en adoptant
les unes, en rejettant les autres, il
eft évident qu'elles ne fervent toutes
qu'à fournir au rédacteur des for-
mules de ftipulations, qu'à lui indiquer les cas à prévoir, les objets
à régler ; or, il fera facile de les
réunir dans l'article qui affurera cette
liberté, qui difpofera même, fi l'on
veut, dans le filence des conventions ; quelque ftatut local que l'on
adopte pour en former alors le ftatut
général, on ne bleffera ni les intérêts ni les affections de perfonne,
dès qu'il ne fera pas prohibitif.

Il y a une autre divifion de la
même claffe de difpofitions, & infi-

niment plus nombreuſe que les deux
précédentes, qui ne doit pas plus
nous arrêter ; c'eſt celle qui embraſſe
tous ces principes ſecondaires, fondés ſur une Juriſprudence vacillante,
ſouvent remis en controverſe dans
les mêmes Tribunaux, & dont la
valeur à ſes périodes, comme celle
des monnoies ; c'eſt ce dont on n'eſt
point étonné, lorſque l'on conſidere
que depuis la rédaction des Coutumes, le temps a amené grand nombre de queſtions tellement compli-
quées, que leur réſolution n'a pas
plus exiſté dans l'affection de nos
peres que dans leur prévoyance ;
& qu'ainſi, l'on a dû ſe rendre tantôt
à une parité forcée ou imaginaire,
tantôt à la voix de la raiſon, affran-
chie du joug de l'autorité ; on en
verra quelques exemples dans la
claſſe immenſe des diſpoſitions coutumieres inconnues, & par conſéquent, indifférentes à la plupart des
citoyens,

Que restera-t'il donc ? Pour moi,
je ne vois que ces deux seuls points :
l'habileté à succéder, & la disponibilité (1) ; quand une fois ils seront
ramenés à des principes uniformes ,
toute la matiere des successions testamentaires & *ab intestat* , des donations, des réserves coutumieres , &
des questions infinies qu'elles entraî-
nent , recevra sans réclamation ,
sans contradiction , l'application des
mêmes conséquences. Est - ce donc
une chose impossible de prendre à ce
sujet une Jurisprudence fondée en
raison universelle , qui réunisse

---

(1) Il n'y a point de Coutume à laquelle
on ne puisse appliquer ce que dit Basnage
en sa Division des successions de propres ,
de meubles, d'acquêts & de fiefs : *Celui qui
possede la connoissance de ce qui est contenu
en ces titres , peut dire véritablement qu'il
sçait ce qui compose le droit particulier des
Normands , & ce qui tombe le plus dans l'usage
& dans le commerce de la société civile.*

tous les vœux , qui concilie l'intérêt
public , l'intérêt politique de l'Etat ,
l'intérêt politique des Ordres privi-
légiés , & les intérêts éventuels des
particuliers ? Je me flatte d'en démontrer la possibilité , & qu'elle ne
peut être révoquée en doute, que
par une prévention aveugle , je di-
rois volontiers stupide, qui se refuse
à tout examen , & pour qui le plus
grand inconvénient est la nécessité
de se départir de quelques idées
fausses , & l'obligation d'acquérir
quelques vérités nouvelles.

L'HABILETÉ A SUCCÉDER est le
droit que la loi donne à quelqu'un
de recueillir ce qu'un autre a laissé
en mourant ; ce droit peut être
surbordonné à la volonté du défunt ,
quand il lui est permis de disposer
autrement que la loi ; je m'expli-
querai à cet égard , en traitant de
la disponibilité ; je ne considere

ici que la loi difpofant avec effet *;*
foit qu'elle ait interdit la faculté
de changer les deftinations qu'elle
a faites , foit que l'homme n'ait pas
ufé de cette faculté qu'elle lui laif-
foit ; & fous ce point de vue géné-
'ral , l'habileté à fuccéder comprend
fans exception, toute la matiere des
fucceffions légitimes & *ab inteftat.*

Suivant la loi des douze Tables,
la fucceffion appartenoit au plus
proche parent paternel , *proximus
agnatus familiam habeto ;* que nous
fommes éloignés de cette fimplicité
fi convenable aux loix , comme le
remarque très-bien Juftinien (1) !
Avant que de déférer aujourd'hui
une fucceffion , la loi ne confidere
pas feulement les perfonnes , elle
confidére encore la qualité des biens;
elle diftingue , par rapport aux per-

---

(8) *Simplicitatem legibus amicam amplexa;*
Inftit. L. 3. tit. 2. § 3.

sonnes, le sexe, la primogéniture,
le dégré, la représentation du dégré : elle distingue, par rapport aux
biens, le noble, le roturier, l'im-
meuble, le propre, l'acquêt, le
meuble & la situation. Nous ne
perdrions peut - être pas beaucoup,
en sacrifiant toutes ces inventions
arbitraires ; la paix des familles en
seroit au moins plus assurée ; il ne
seroit pas difficile de prouver que
chacune d'elles retrouveroit d'un
côté ce qu'elle perdroit de l'autre ;
parce que l'événement des successions n'en seroit pas plus incertain,
parce que l'appréhension d'un seul
patrimoine entier, au lieu de plusieurs portions subtilement divisées,
recueillies à grands frais, seroit
toujours une compensation avantageuse ; cette compensation seroit
sans doute plus dans l'esprit d'une
loi générale, & dans l'esprit même
de nos Coutumes qui n'ont en vue

que l'intérêt des familles & non les droits fortuits des individus ; & ce ne seroit pas enfin connoître les hommes que de douter que le sacrifice de ces idées arbitraires ne fût oublié avant la fin de la génération présente.

Mais je ne vais pas aussi loin ; que la France ait à cet égard son Droit particulier, à la bonne heure ; que l'on respecte, j'y consens, tous les principes primitifs fondés en raison suffisante, autrefois introduits dans des vues d'équité naturelle ou civile, plus appropriés à notre constitution ou à notre système moral, cela ne m'empêchera pas de soutenir encore que dans l'état actuel des choses, ces principes, cette équité, ce système moral, sont partout les mêmes ; que c'est l'uniformité de conséquences des mêmes opinions, l'uniformité des moyens, pour tendre au même but, qui nous

manque ; & qu'ainfi, il eft poffible
de l'établir fans toucher au fond des
chofes , fans changer aucun des
rapports effentiels qu'elles ont avec
l'ordre de la fociété qui les a adoptées, fans nous ôter enfin que des
formes acceffoires & des fubtilités
locales ; pour démontrer cette propofition , je reprends en détail les
principales conditions qui produi-
fent l'habileté à fuccéder.

Sur le fexe. Le moyen âge de la
Jurifprudence Romaine introduifit
cette diftinction, qui excluoit les
filles de la fucceffion des agnats :
*quia commodiùs videbatur ità jura
conflitui ut plerumque hereditates ad
mafculos confluerint ;* à la vérité, le
droit prétorien vint bien-tôt à leur
fecours , & Juftinien rendit enfin
leur condition égale à celle des
mâles. Ce n'eft pas ici le lieu d'examiner laquelle de ces deux loix fut la
plus jufte ; ce feroit élever une quef-

tion interminable ; parce que la justice d'une loi dépend de ses effets, &
non de ses moyens. Il est évident que
le droit naturel appelle également
le frere & la sœur à la succession du
pere ; mais ce n'est pas une destina-
tion matérielle & absolue d'une portion de l'héritage, c'est uniquement
pour qu'ils trouvent tous les deux
un sort pareil, une condition aussi
avantageuse ; & cela est si vrai, que
si deux peres, qui ont chacun un fils
& une fille, & des possessions de
valeurs, à peu près égales, forment
une double alliance, avec la condition que chacun des fils conservera
sans partage, la succession de son
pere, personne n'osera dire que
l'équité naturelle soit le moindre-
ment blessée par cette convention.
Rien n'empêche donc que le Droit
civil n'acquitte cette dette naturelle par des équivalens, qu'il ne
considere toutes les familles comme

celles que nous avons propofées
pour exemple, & qu'il ne fupplée,
par une difpofition expreffe , le
contrat que nous venons de déclarer
jufte.

Ainfi , la plus fage de toutes les
loix feroit peut-être celle qui ôteroit
aux filles toute propriété ; celles qui
fe marieroient retrouveroient dans
une autre famille la part qu'elles
laifferoient à leurs freres; on ne feroit
plus tenté d'enfermer les autres dans
les cloîtres pour obtenir leur renon-
ciation ; les parens les verroient
jouir fans envie, ou fans inquiétude , d'une penfion ou d'un ufufruit
proportionné à la quotité qu'elles
auroient pu prétendre dans l'héritage ; elles n'auroient pas plutôt
perdu le droit de faire refpecter leurs
caprices , par des héritiers capta-
teurs, qu'elles chercheroient à fe
faire des titres plus folides à leur
amitié & à leur confidération ; les

mariages feroient plus libres , &
parconféquent , plus heureux ; car il
n'y a plus de liberté, quand le prix
de la richeffe, augmenté par le luxe,
fait écarter les plus juftes motifs du
choix ; les méfalliances feroient plus
rares , car il n'y auroit plus que les
qualités perfonnelles qui décide-
roient les unions, & l'égalité de
condition , l'éducation qu'elle fuppofe, les avantages qui y font attachés, formeroient des convenances
qui ne feroient plus fubordonnées à
un intérêt pécuniaire. Mais aban-
donnons cette fpéculation qui ne
peut que nous écarter de notre
objet.

Au premier coup d'œil, il fe préfente une difficulté infurmontable de
ramener au même point les provinces qui fe régiffent par le Droit écrit,
& celles qui ont des ftatuts qui déferent les fucceffions aux mâles , à
l'exclufion des filles ; cela feroit vrai

ſi les unes & les autres n'avoient puiſé d'ailleurs des principes dans une ſource commune : cette ſource eſt le droit féodal ; les fiefs devenus héréditaires donnerent lieu à une ſorte de ſucceſſion affectée aux mâles, par la néceſſité du ſervice militaire ; on ne tarda pas à ſentir les avantages de cette diſtinction pour le ſoutien & l'illuſtration des familles nobles ; on perdit de vue la raiſon d'inſtitution ; on étendit cette prérogative aux biens anciens par une ſimilitude qui ne pouvoit avoir de fondement que dans l'effet, & de cette maniere, l'uſage des fiefs établit *par-tout* ce principe, ou, ſi l'on veut, ce préjugé politique, que les maiſons ſe ſoutiennent & ſe perpétuent par les mâles ; que les filles ſont inhabiles à les maintenir, (1) parce

───────────────

(1) Ce motif eſt littéralement exprimé dans la Requête préſentée en 1472, par les trois Etats de Provence, pour obtenir l'ex-

qu'elles portent à une famille étrangere tout ce qu'elles recueillent , & qu'il est important de restreindre leurs droits héréditaires. Je dis *partout*, afin que l'on ne pense pas que cette maxime n'ait été reçue que dans quelques Coutumes qui prononcent explicitement la prérogative des mâles & l'exclusion des filles ; on la retrouve dans les Auteurs les mieux instruits & les plus imbus des principes du droit écrit(1);

---

clusion des filles , quand il y a des mâles ; *Que d'aissi en avant per conservation de las maisons , tant noblas que autras* , &c. & ce qu'il ne faut pas omettre , c'est que le droit commun de cette province est précisément le droit de Justinien , qui déclare toute différence entre les mâles & les filles , *maximum vitium antiquæ subtilitatis* , qui appelle ceux qui l'ont introduite , *naturæ accusatores cur non totos masculos generavit.* L. 4. Cod. de Liber. Præter.

(1) Voyez M. Dolive, Liv. 5 , chap. 15, 16. Furgole , sur les donations, quest. 29.

ici les substitutions testamentaires
masculines, ont remplacé les substitutions statutaires; & dans les Coutumes qui ont prohibé les substitutions testamentaires, on a encore
trouvé le moyen de remplir le même
objet, soit en recevant les substitutions contractuelles (1), soit en ex-
cluant la fille dotée du partage de la
succession paternelle, tant qu'il y a
d'autres enfans, & ce, par mariage
divis ou autrement; (2) & d'où il
suit que les idées & les opinions qui
peuvent fonder en raison une loi nouvelle, sont au fond les mêmes par-

Trait. des Testamens, chap. 7, sect. 6,
num. 111, &c.

(1) Ces Coutumes sont celles de la *Marché*, *Bourbonnois*, *Nivernois*, *Montargis*,
Sedan & Auvergne. Voyez Papon, Coquille,
Bamaison & Brodeau, Lett. 5, somm. 9,
n. 17.

(2) Voyez Coutumes de *Bourgogne*,
Bretagne, *Tours*, *Auvergne*, ce qui s'observe
tout;

tout ; que les uns ne craindront pas
d'adopter ce que les autres defire-
ront raifonnablement de conferver,
& que tous s'applaudiront bien-tôt
de fuivre une loi univoque.

Sur la primogéniture. Un coup
d'œil fur les différentes Coutumes
qui reglent le droit d'aîneffe ou de
primogéniture, fuffira encore pour
convaincre tout homme raifonnable de la vérité de ce que dit Argoud,
que quelque diverfité qui s'y ren-
contre, les principes généraux font
par-tout les mêmes : ces principes dérivent également de l'inftitution des
fiefs : *& ratio eft, non tam propter hono-*
rem ipfius primogenituræ, quàm propter
confervandum nomen & dignitatem fa-
miliæ ; quod non poteft melius fieri,
quàm per ftudium unitatis ad fublatio-
nem divifionis, quantùm falvâ juftitiâ,
fieri poteft , ce font les paroles de

---

en quelques-unes, la fille n'eût-elle eu qu'un
chapeau de rofes.

Dumoulin : & comme on l'a très-
bien observé dans les conférences
pour les arrêtés de M. de Lamoignon,
les articles qui ont établi les droits
& les prérogatives des aînés ne sont
pas placés dans les Coutumes sous
le titre des successions, mais sous
le titre des fiefs, comme étant *extrà*
causam bonorum. Qu'importe après
cela que la succession des temps &
le caprice des opinions ayent introduit ces différences locales, que
les uns ayent plus ou moins étendu
les conséquences de cette institution,
que les autres ayent donné plus ou
moins d'effet à la modification qu'y
apporte l'équité naturelle ; que ceux-
ci fassent d'une disposition politique
& personnelle une condition inhé-
rente à la qualité du bien qu'ils
nomment *impartable* ; que ceux-là
dérogeant à la fin du droit de primogéniture, y aient appellé les
filles de leur chef ou par représentation ; que la plupart enfin, tantôt

plus affectés de la faveur du privilége, tantôt plus occupés des motifs d'égalité, ayent réuni dans le même statut, des difpofitions qui fe croifent & s'entrechoquent ; c'eft une fuite néceffaire de la divergence naturelle des opinions. En vain donneroit-on à un peuple une feule loi , les diverfes interprétations en auroient bientôt fait autant de Jurifprudences différentes qu'il y auroit de tribunaux fi l'on ne prenoit encore des mefures pour refferrer continuellement les bornes de l'arbitraire, pour arrêter au premier pas les moindres écarts, & rétablir l'uniformité, ainfi que j'aurai occafion de le faire voir en expliquant la derniere partie de mon plan ; mais il faut convenir auffi que ce ne font pas ces variétés , ces viciffitudes , ces contradictions qui tiennent à l'affection des peuples ; non malgré l'inclination qu'un commentateur a na-

I ij

turellement pour le droit de son
pays, il n'en est point qui ne se
plaigne de ces bisarreries, qui n'ex-
prime le vœu de les voir cesser un
jour, qui ne déplore la néceffité de
s'y foumettre jufqu'à des temps plus
heureux; ces Jurifconfultes font les
échos de tous les citoyens éclairés,
& les autres ne peuvent chérir ce
qu'ils ignorent,

Je ne diffimulerai pas que lors de
la réformation, on propofa déjà de
corriger le droit de plufieurs provinces, par rapport au privilege
exorbitant de la primogéniture, de
le réduire à une fimple portion avan-
tageufe, & que cette tentative eut
peu de fuccès; mais, comment fe
firent ces réformations? Ce que j'ai
dit dans mon Difcours fuffit pour en
donner une jufte idée; je n'y ajou-
terai ici qu'un feul trait, à caufe du
rapport qu'il a à la matiere préfente.
L'article 546 de la nouvelle Cou-

tume de Bretagne, donne la fucceffion entiere à l'aîné des enfans des Barons & Chevaliers, & le fçavant Dargentré nous apprend que c'eft une erreur des réformateurs ; que ce droit, fondé fur l'affife de Godefroi, avoit été dès long-temps abrogé par l'Ordonnance du Duc Jean : *Fremant omnes licet, fatendum eft hunc articulum incogitantiâ reformatorum irrepfiffe in hanc reformationem .... Mutato jure, mutari fcriptum oportebat.*

En fecond lieu, il y a déja loin de l'époque de ces réformations ; & qui eft-ce qui ne fçait, que fi les préjugés réfiftent aux principes les plus évidens, ils cedent au temps qui les mine infenfiblement. Que ne doit-on pas efpérer aujourd'hui, quand on fe rappelle que dès-lors les rédacteurs de la Coutume d'Anjou prévoyoient la néceffité d'abolir la loi barbare qui réduifoit les puînés à un

I iij

viager (1); que dès-lors le pays de Caux, c'eft à-dire, la partie de l'ancienne Belgique, la plus attachée au droit d'aîneffe, confentit néanmoins de laiffer aux puînés la propriété du tiers du patrimoine, à condition que le pere pourroit en difpofer entre eux. (2)

Je me bornerai à ces exemples frappans; mais je ne puis me refufer à tranfcrire ici le vœu du fage Dargentré; je n'ai garde de le traduire ni de l'abréger, je crains trop d'en affoiblir l'énergie, & je ne crois pas que l'on me reproche une pareille citation dans une matiere auffi grave. Voici comment un grand Magiftrat, l'un de nos plus célèbres Jurifconfultes, l'aîné de fa famille, nourri dans une Coutume qui défere feu-

_____

(1) *Jufqu'à ce que par la Cour autrement en foit ordonné.* Ce font les termes de l'art. 222.

(2) Voyez Bafnage fur l'article 279 des Cout. de Normandie.

lement un ufufruit aux puînés, qui
avoit une longue expérience de fes
avantages & de fes inconvéniens,
parle des Coutumes qui prononcent
cette forte d'exhérédation :

Quanquam fi quid in me judicii eft
de rebus,& tot annorum commerciis &
ufu profeci, omninò hæc mihi tempé-
randa acerbitas confuetudinis videtur,
quæ nobis tot pugnas fubinde redintegrat
& familiarum exitia; omninòque trien-
tem perpetuum, & par héritage, fe-
cundò natis tribuendum, ego licet primo-
genitus cenfeo, idque nobilibus paffim
omnibus, fublato difcrimine, & damna-
tâ memoriâ Affifiæ & factiofi juris.
Idem in bonis omnibus cujufcumque
qualitatis, five nobilibus five pagani-
cis : idem in hereditatibus collaterali-
bus : nec aliter conquiefcere tot diffidia
poffe video. Nec mihi opponatur anti-
quitas juris, cùm antiquius fuiffe con-
ftat, quod ante diverfùm obtinuit, &
certum fit ante Affifiam alio jure ufos

I iv

majores noſtros, & huic ſententiæ favere
jus naturale primarium : ſuit priſcis
fortaſſe genius alius, ſociatio alia. Nam
quando aliter evaleſcere concordia ne-
quit , decedendum certè quadantenus
de jure tam ſummo & præfracto puto
& aliquid indulgendum & ſanguini , &
æquitati ; alioquin nimia miſeria eſt
pendere ſemper ab incertiſſimis & falla-
cibus oraculis , ſi non ludibriis potiùs
judicantium , qui alienis malis illu-
dunt, dum quo jure quâque lege decer-
nendum ſit complures miſerè ſapientes ;
ſi non etiam moroſophi differunt , & in-
terim quibus incidere in hos contingit ,
plectuntur , inſani quibus vinci ſemel
& lite defungi licet. Idem andibus ,
idem cænomanis & caucis , conſulue-
rim quibus exemplis premimur quâdam
ex parte , ſed fieri poteſt ut hi quoque
melius ſapiant aliquandò.

Sur la repréſentation. Cet article ;
l'un des plus importans pour la regle
des ſucceſſions, me paroît auſſi l'un

des plus aifés à ramener à une Jurifprudence uniforme. Je ne parlerai
pas de quelques Coutumes encore
barbares, qui refufent la repréfentation en ligne directe; elles font en
fi petit nombre, la réclamation des
Auteurs eft fi générale contre ce
droit, *étrange, damnable, reprocha-*
ble, introduit par puiffans; (1) l'équité a ouvert tant de voies pour en
éluder les injuftes difpofitions, (2)
que l'on ne doit pas s'y arrêter. Il y
a des vérités fi frappantes, que l'on
eft forcé de leur rendre hommage,
dès que les paffions ceffent d'en

(1) Chauny, art. 36, Ponthieu, art. 8,
Senlis, art. 139, Boullenois, art. 76, &c.
(2) Voyez Dumoulin fur l'art. 139 de la
Coutume de Senlis; arrêtés de M. de Lamoignon; Sœfve, tom. 1, cent. 2, chap.
58; il a été jugé plufieurs fois que le rappel
d'un feul des petits enfans faifoit revivre
pour tous les droits de repréfentation contre
la rigueur des Coutumes.

I v

obfcurcir la lumiere ; l'Hiftoire en
fournit un exemple remarquable :
le Pape Boniface II , préférant l'on-
cle au neveu , avoit donné la Sicile
à Robert , fils puîné de Charles II ,
par un jugement plus partial qu'a-
poftolique ; (comme l'appelle Balde)
& ce même Roi de Sicile , ayant à
prononcer fur le même fujet , ne
put s'empêcher de juger le contraire
de ce qui avoit été décidé pour lui.
On ne doit donc pas héfiter de
mettre au nombre de ces vérités
d'un ordre fupérieur , & en quelque
forte , immuables , le droit de repréfentation infinie , & en quelque degré que ce foit en ligne directe ; les
Romains ne l'ont méconnu avant la
novelle 118 , que par une fuite de
l'excès de puiffance qu'ils accor-
doient aux peres , que parce que la
faculté de difpofer tempéroit cette
rigueur de la loi ; lorfque Dumoulin
a dit , fur l'article 76 de la Coutume

de Boullenois : *habent rationem in hoc ne filii audeant contrahere matrimonium & generare nepotes sine consensu parentum, qui possint eos habilitare ad succedendum*, ce grand Jurisconsulte a seulement cherché à se rendre compte du motif d'une pareille disposition ; motif vraisemblable dans le fait, mais qui, dans le droit, est misérable, puisqu'il faisoit dépendre la peine de l'exhérédation des petits enfans, de la condition éventuelle du décès de leur pere, avant leur ayeul ; aussi Dumoulin n'hésite-t'il pas de déclarer au même endroit, que cette Coutume, quoique reçue autrefois dans presque tous les pays du Nord & de la Gaule Belgique, doit être réformée, comme étant souverainement injuste, *valdè injusta & corrigenda.*

On ne trouvera pas plus d'obstacles à faire adopter une regle uniforme sur le droit de représentation

en collatérale : comme tout ici dépend de l'évenement d'un prédécès,
qui eſt-ce qui pourra s'oppoſer à
l'établiſſement d'une loi qui rendra
la condition égale pour tous , ſur-
tout ſi l'on prend le parti d'étendre
le droit de repréſentation au lieu
de le reſtreindre , parce que tout
homme ſage préférera l'aſſurance du
partage pour lui ou pour ſes enfans ,
à l'eſpérance de tout recueillir ſi il
ſurvit , à la crainte que ſes enfans
ne perdent tout , ſi la ſucceſſion n'eſt
ouverte de ſon vivant ? Ce parti a ,
ſans doute , quelque choſe de plus
raiſonnable , en ce que la diſtribu-
tion qu'il fait des biens eſt plus juſte ,
plus égale , moins éventuelle ; il me
paroît d'ailleurs beaucoup plus dans
nos mœurs. Je ſens bien qu'il ne faut
pas compter ſur le ſuffrage de celui
qui , prévoyant aujourd'hui la fin
prochaine d'un parent , attend le
moment de s'emparer d'un patri-

moine confidérable, que la loi du
pays lui défere, à l'exclufion de fes
neveux ; mais, hors les cas de ces
petits intérêts préfens, qu'une loi
perpétuelle ne doit pas pefer, qui
peut être mis à couvert, en pro-
longeant pour un temps limité la
durée de la loi actuelle, quel eft
l'infenfé qui voudroit mettre l'ai-
fance de fa famille au hazard de fa
longævité ?

Au refte, que l'on borne la repréfentation en collatérale au premier degré, que l'on la porte à tel
ou tel degré plus éloigné, ou que
l'on l'admette à l'infini comme en
directe, je n'infifterai que fur ce que
cette matiere *defire une loi générale
& commune pour toutes les coutumes,
pour prévenir les fraudes & déguifemens,
qui font recherchés tous les jours, pour
changer les biens d'une province en une
autre, à caufe de la diverfité des difpofitions d'icelles ;* tel fut le réfultat

des doctes conférences tenues chez
M. de Lamoignon , & d'après lefquelles on arrêta l'article XXX du
titre des fucceffions en ces termes :
demeureront abrogées toutes les Coutu-
mes qui rejettent la repréfentation en
ligne collatérale au premier dégré , &
celles qui les étendent aux dégrés plus
éloignés. Mon premier vœu , étant
pour l'uniformité, je ne cefferai de
regretter que cet article n'ait pas
reçu la fanction du Légiflateur, ainfi
que toutes les autres loix projettées
& rédigées en même-temps , pour
nous donner au moins un droit commun fur les matieres les plus arbitraires ; mais , puifque la loi eft à
faire, j'obferverai encore à ce fujet
que les rédacteurs de ces arrêtés
n'ont reftreint la repréfentation en
collatérale au premier degré , que
par une forte de refpect pour le
droit de Juftinien , ou peut- être
même, d'affection pour la Coutume

réformée dans laquelle ils vivoient ;
que l'inconvénient des procès qui
peuvent naître *dans la recherche de
l'origine & succession des générations* ,
ne me paroît pas aussi considérable
qu'ils l'ont pensé ; que la recherche
des dégrés éloignés, représentation
à part , n'occasionne pas moins de
contestations ; que ce motif ne peut
mériter quelqu'attention que par
rapport aux dégrés plus éloignés que
le quatrieme ou même le sixieme ;
que jusques-là , il cesse absolûment ;
& qu'il faut par conséquent établir
un juste accord entre la raison dé-
terminante & l'application que l'on
en fait ; à quoi l'on peut ajouter que
de la disposition contraire résulte
souvent une distribution inique &
révoltante. De deux parents au
même dégré , tous deux mariés ,
l'un coule ses jours dans une molle
oisiveté ; l'autre sert l'Etat , il est
tué à une bataille, à un siége. N'est-

il pas vrai de dire que la loi qui
prive les enfans de ce dernier des
fucceffions collatérales, par droit de
repréfentation, les punit réellement
des fervices de leur pere ?

Des confidérations prifes des perfonnes, paffons à celles prifes des
biens eux-mêmes , & d'après lefquelles nos loix les déferent à tel
ou tel fucceffible.

Les Grecs, les Romains, & qui
plus eft, les Germains, ne connoif-
foient qu'une forte de patrimoine.
Ils ignoroient toutes les diftinctions
de propres, d'acquêts, de meubles ,
&c.; & il feroit difficile de concevoir
comment elles ont pu s'introduire
pour troubler l'ordre naturel des
fucceffions, plutôt que pour le régler , fi l'on n'en connoiffoit l'origine ; mais il eft bien démontré
qu'elles nous viennent encore du
droit féodal, fuivant lequel le fief

concédé retournoit au Seigneur après
l'extinction de la ligne ; on en a la
preuve en ce que la succession du
propre ne remonte pas, comme la
succession du fief ; en ce que plusieurs
Coutumes déferent encore au Seigneur la succession du propre à défaut
du lignage & à l'exclusion des parents d'une autre ligne ; c'est-à-dire,
que le Seigneur reprend un bien qui
ne vient pas de lui, parce qu'il se
trouve dans la même circonstance
où le fief qui seroit sorti de ses mains
auroit dû y rentrer. Voilà sans doute
une admirable parité, une raison
bien suffisante pour confisquer les
biens & dépouiller une famille ! Je
ne cesserai de le redire : & c'est à
de telles loix que l'on veut que nous
soyons attachés ! Non, il n'y a que
ceux qui n'en ont aucune connoissance qui peuvent supposer un sem-
blable attachement, ils sont démen-
tis par nos plus grands Auteurs, qui

réclament en gémiffant une réformation générale. *Hæc confuetudo iniqua
eft, & per errorem emerfit eodemque
errore non fuit impugnata ; interim
tamen ftat, donec generali ftatuum con-
fenfu corrigatur.* (1)

En attendant cet heureux événement, tenons pour certain que la
regle *paterna paternis* &c., n'a eu,
dans le principe, d'autre fondement
que les préjugés nés des mœurs féo-
dales ; car, quoique la novelle 118
affigne la moitié aux afcendans,
quand ils concourent au même dégré, c'eft plutôt repréfentation que
diftinction de patrimoine ; & le droit
de retour n'y a aucun rapport, puifqu'il n'a lieu qu'en cas de donation,
puifqu'il n'a été établi que pour
exciter les libéralités des afcendans.

La diftinction une fois reçue, on
n'a pas tardé à imaginer les fubdivi-

_____

(1) Dumoulin, notes fur l'article 268 de
la Cout. d'Anjou, & *paffim.*

fions de propres anciens & propres
naiffans , de propres de commu-
nauté & propres de fucceffion , de
propres réels & de propres fictifs ou
conventionnels, en un mot, l'action
de remploi , que donnent quelques
Coutumes , pour le propre aliéné.
Que l'on cherche tant qu'on voudra
la raifon principale de toutes ces
chofes, on n'en trouvera pas d'autres
que celle que Dumoulin nous indique (1) ; *hæredia antiqua affecta funt
lineæ & gentilitati & potiffimum capiti,
& fuit hæc confuetudo originalis fran-
corum & Burgundiorum per conftitu-
tionem caroli magni.* Cette raifon eft
encore probablement venue plutôt
pour juftifier que pour introduire ;
cependant je fuis bien éloigné de
propofer rien de contraire à cette
ancienne inclination de conferver
les biens aux familles d'où ils font

_____

(9) Confil. 7 , n. 46.

venus ; refpectons ce préjugé, puifqu'il tient à nos mœurs, puifque les
auteurs étrangers l'appellent : *jus
proprium Galliæ* ; à la bonne heure ;
que le parent éloigné du bien, exclue
le prochain parent de l'homme ;
mais fi le principe eft généralement
reçu, eft-il donc fi difficile d'en rendre les conféquences uniformes, de
retrancher celles qui ne portent que
fur de fauffes analogies , fur des fic-
tions exorbitantes & accumulées ,
de remplir enfin le même objet par
les mêmes moyens ?

Je fçais bien qu'il n'y a pas jufqu'aux peuples des Coutumes que
les Auteurs appelent fi juftement
hétéroclites , parce qu'elles admettent
des regles incohérentes fur la fucceffion des propres , qui ne crient à
l'innovation , qui n'alleguent l'heureufe expérience qu'ils auront fait
de quelques fauffes maximes pour le
foutien des familles ; mais toutes ces

clameurs, la plupart nées de la com-
binaïson d'un intérêt éventuel prochain , n'empêcheront pas tout
homme fensé de convenir que fi ce
même pays eût eu d'autres loix , il
s'en féliciteroit également , tout
comme les pays de droit écrit fe
flattent d'avoir , dans les fubftitu-
tions fidéicommiffaires , *une voie*
auffi naturelle que fuffifante pour pré-
venir la deftruction des familles & la
diffipation de leurs patrimoines. (1) Ne
diroit-on pas,à les entendre, que ces
ufages leur viennent d'un choix mo-
tivé & réfléchi ? Il fe peut très-bien
que les habitans de la Prévôté de
Vimeux mettent aujourd'hui la Coutume d'Amiens au-deffus de toutes
les autres ; il n'en eft pas moins vrai
qu'ils ne doivent cette opinion ,
cette affection , & l'avantage d'y
être foumis , qu'au levrier du fieur

_____

(1) Voyez l'Edit du mois d'Août 1729.

de Saint-Delis, qui rongea en 1507 le manuscrit de leurs Coutumes particulieres. (1)

Je renvoye à la troisieme classe très-nombreuse, les dispositions coutumieres, qui, ayant reçu la succession des propres, s'écartent des regles communes & nécessaires de cette matiere, sans qu'on puisse en indiquer aucune raison, toutes les modifications bizarres que quelques esprits subtiles y ont ajoutées ; & ces infinies variations de Jurisprudence qui, dans la même province, dans le même Tribunal, ont alternativement consacré des principes contraires, qui quelquefois ont établi, sur deux textes semblables, deux opinions diamétralement opposées; (2) preuve invincible du peu d'attachement des peuples à ces

___

(2) Dumoulin sur le procès-verbal de la Cout. d'Amiens.

(3) Voyez arrêtés de Lamoignon, part. 1.

décisions arbitraires, qui n'ont jamais eu ni leur vœu ni leur confiance.

Il n'est pas besoin de dire, que quand tout le Royaume aura une seule Jurisprudence, les loix n'auront plus à considérer la situation des biens pour en faire le partage, puisqu'ils se trouveront tous situés dans la même Coutume. Qui est-ce qui ne sçait combien d'hérédités sont tous les jours consumées en procès, pour faire régler quel est le statut qui doit en disposer ? C'est ce qui a fait dire à un de nos plus sçavans Auteurs (1) *qu'il faudroit au moins que la Coutume du domicile réglât toute la succession d'un défunt, encore que ses biens fussent répandus dans différentes provinces* ; & il témoigne bien à ce sujet le peu de cas que nous devons

_____

(1) Boullenois, Differt. sur les questions qui naissent de la contrariété des Coutumes, Disc. prélim.

faire de la plainte d'un héritier pré-
fomptif, qui, n'ayant aucun droit
acquis, qui, pouvant être privé par
tant d'événemens, par la fimple
aliénation du propre, oferoit réclamer contre cette loi nouvelle. Mais
ce n'étoit là qu'un parti fubfidiaire,
qu'un remede palliatif aux maux dont
la contemplation l'affligeoit, &,
comme je l'ai déja remarqué, fon
premier vœu eût été pour l'entiere
uniformité.

Il fuffira donc d'établir par-tout
la diftinction des propres, d'en
régler, d'en concilier, d'en cir-
confcrire une fois les conféquences,
pour produire cette heureufe uniformité fur la matiere importante
des fucceffions. Je ne puis me perfuader que les pays de droit écrit
refufent de recevoir ces maximes ;
elles ne répugnent pas, comme l'ob-
fervoient déja les rédacteurs des
conférences tenues chez M. de Lamoignon,

moignon, à l'esprit de ce droit
qui a en effet plusieurs dispositions
ne fundus de familiâ exeat. Dans les
provinces qu'il régit, il s'est déja
introduit plusieurs Coutumes particulieres, qui préferent l'héritier de
la ligne au parent le plus prochain,
pour la succession du propre; enfin,
le fréquent usage des substitutions
dans ces provinces annonce assez
qu'elles n'ont pas moins à cœur de
conserver, de perpétuer les biens
dans les familles dont ils sont pro-
venus; & dans les divers moyens de
remplir le même objet, elles senti-
ront bientôt l'avantage infini d'une
disposition générale, qui établisse
la succession des propres, sur les fidéi-
commis, qui ont le double inconvénient d'ôter aux substitués la liberté si précieuse de disposer & de
troubler souvent l'ordre des successions légitimes des propres, dans la
suite des dégrés prévus par les testa-

Tome I.   K

teurs. J'ajoute que ce ne font pas ceux qui fe font le moins écartés jufqu'à préfent de la raifon écrite des Papiniens , des Ulpiens , qui apporteront plus d'obftacles à une refonte générale des loix. L'habitude d'une affection raifonnée conduit plus rarement à l'obftination que le préjugé qui attache à un objet bizarre. On auroit donc bien tort de juger de cette poffibilité par l'exécution de l'Edit de Saint-Maur ; il n'eft pas étonnant qu'une loi , qui parut avec la prévention qu'elle ne changeoit le droit ancien, que pour favorifer les intérêts d'un homme puiffant , une loi rédigée à la hâte , *dont le difpofitif n'eft pas même intelligible* , & qui , en introduifant la regle *paterna paternis* , n'avoit pas même fongé à établir la réciprocité entre les deux lignes , (1) ait excité

---

(1) Mornac , fur la Loi. 15 ff, de Inoff.

de perpétuelles réclamations ; & fi
la réunion de toutes ces circonftances n'a pu empêcher que cette loi
n'ait été obfervée pendant plus d'un
fiecle & demi dans les refforts de
deux Parlemens de droit écrit, (1)
N'eft-ce pas au contraire une jufte
raifon de préfumer que les peuples
recevroient, avec autant de foumiffion que de reconnoiffance, un
code où le Légiflateur , tenant la
balance égale pour tous , leur don-

---

teft. Renuffon, Trait. des propres, chap. 2,
fect. 20 , & M. le P. Bouhier, explicat. de
l'Edit de Saint-Maur. » Les peuples, dit ce
» Magiftrat, n'ont pu goûter l'inégalité qu'il
» a introduite, en privant la mere du droit
» de fuccéder aux propres paternels, fans
» étendre cette exclufion au pere , par rap-
» port aux propres maternels «.

(1) Le Parlement de Provence & le Par-
lement de Bourgogne, pour la partie de la
Breffe, voyez explication de l'Edit de Saint-
Maur, par M. le P. Bouhier.

K ij

neroit des loix claires & uniformes
pour le plus grand bien général.

LA DISPONIBILITÉ forme un des
articles les plus intéreſſans ; mais les
principes qui doivent fonder cette.
liberté , en déterminer l'uſage, en
prévenir l'abus , me paroiſſent ſi
évidens , dans un ordre de vérités
morales & politiques , ſi fort au-
deſſus des idées arbitraires ou de
convention , qu'il ſuffira de les préſenter pour faire deſirer de partager
les avantages réels qu'elle aſſure.

Les loix qui bornent le pouvoir
de diſpoſer de ſes biens peuvent être
conſidérés par rapport à la loi naturelle , & par rapport à leur influence morale & politique,

Par rapport à la loi naturelle , il
ſemble au premier coup d'œil que la
ſucceſſion légitime ſoit la ſeule qu'elle
autoriſe , & que la ſucceſſion teſta-
mentaire ne puiſſe être regardée que

comme une exception introduite
par le droit civil. Je fuis bien éloigné de cette opinion, qui ne trouvera de partifans que parmi ceux
qui font incapables de diftinguer le
fentiment qui foumet & la loi qui
commande, de chercher dans la volonté même la caufe précédente de
l'obligation, & de faire abftraction
de toutes les inventions civiles ; en
effet, dans l'état de pure nature, je
ne vois que des motifs qui déterminent la volonté, & rien qui gêne
l'affection, aucune raifon de juftice
qui la contrarie ; les fociétés politiques ont pu fonder un droit fur une
affection préfumée, mais avant leur
établiffement, l'effet à dû être fubor-
donné à la réalité de la caufe : ainfi,
l'ordre d'un pere mourant à fes enfans, pour le partage de fes propriétés, les a rendu fes héritiers
teftamentaires, long-temps avant
que l'on eut affujetti à des formalités

les teſtamens qui ne ſont qu'une
imitation de cet acte naturel & néceſſaire ; leur reſpect pour ſa volonté , leur confiance en ſa ſageſſe, en
aſſuroient l'exécution : ainſi , un ami
mourant loin de tous parens , a dit
à l'ami qui lui fermoit les yeux : » je
» te donne ce que j'ai poſſédé, «
ſans imaginer ſeulement que la loi
naturelle appellât à ſa ſucceſſion ceux
qu'il étoit préſumé affectionner , au
préjudice de celui qu'il affectionnoit
réellement. Il ne faut donc pas être
étonné ſi les Légiſlateurs qui ont
voulu reſtreindre cette liberté , ſe
ſont ſi rarement trouvé d'accord ;
ils prenoient pour baſe deux principes qui dérogent l'un à l'autre , le
premier qui fait un titre aux héritiers du ſang de l'affection préſumée,
le ſecond , qui, en identifiant le droit
& l'inclination , ſuppoſe qu'on a de
juſtes raiſons de s'en écarter toutes
les fois qu'on en a l'intention.

Cependant on auroit tort de con-
clure de là , que la fucceffion tefta-
mentaire eft plus favorable , .&
qu'elle doit toujours l'emporter dans
le doute ; c'eft par de femblables
conféquences , malheureufement
trop communes , que l'on parvient
à obfcurcir les vérités les plus évi-
dentes. Si la faveur eft due à l'héritier légitime , ce n'eft pas que l'é-
quité naturelle lui faffe un droit
contre la volonté du défunt , c'eft
uniquement par la probabilité du
fait qu'elle décide cette faveur ; c'eft
qu'elle exige des preuves pour tout
ce qui s'écarte , quoique raifonnablement , de l'ordre ordinaire des
chofes ; c'eft qu'elle fe prête plus
facilement à croire ce qui y rentre :
tels font en effet les deux principes
des deux fameufes loix, *tunc autem ,*
& hâc confultiffimâ , qui ont fait dire
à tant de Docteurs, que les Romains,
d'ailleurs fi jaloux de la liberté de

K iv

tefter, de faire encore la loi dans leur famille après leur mort, avoient néanmoins reconnu que les fucceffions légitimes étoient plus fondées en droit naturel.

Par rapport à l'influence morale & politique, la liberté de difpofer doit encore être regardée comme très-raifonnable & très-avantageufe. Quoi de plus jufte & de plus capable d'entretenir l'émulation, d'exciter l'induftrie, que d'en laiffer le prix tout entier à la difpofition de celui qui l'a mérité ! C'eft une forte de tyrannie de réduire l'homme à la fimple jouiffance des chofes mêmes qui font le fruit de fes travaux ; c'eft attenter à fa propriété naturelle & civile, que de l'affurer d'avance à celui de fes parents, qui peut être tout à la fois le plus prochain par le dégré, le plus éloigné par l'inclination, & qui, après avoir long-temps démenti l'affection que la loi lui

suppose, viendra pourtant en réclamer les droits & emportera l'héritage, pourvu que sa haine prudente
ne se soit pas portée jusqu'aux excès
qui font encourir l'indignité.

Ce que j'ai dit sur le droit des
propres particuliers à la France,
annonce que l'on peut admettre à
cet égard quelque distinction, parce
qu'à la différence de celui qui acquiert, celui qui reçoit peut être
grevé de la condition de transmet-
tre, mais ce ne doit être que pour
la réserve d'une portion déterminée;
au reste, l'intérêt public & le vœu
général de la conservation des familles ne sollicitent pas moins la libre
disposition, même en ligne directe :
ces intérêts sont si réels, ces motifs
si puissans, que jusques dans les
Coutumes qui prohibent le plus im-
périeusement toute disposition testa-
mentaire, on a plus d'une fois confirmé le testament d'un pere sage, &

K v

les juftes précautions qu'il avoit prifes pour prévenir la déprédation de fon héritage (1), tant il eft vrai que la force des circonftances nous ramene de temps en temps aux vérités les plus oppofées à nos préjugés! On peut tenir en général pour certain, que la loi difpofe plus fagement que l'homme ; mais il n'y a qu'un infenfé qui ofe révoquer en doute, que l'homme peut difpofer plus fagement que la loi ; c'eft encore peu dire, il eft probable qu'il le fera, il eft probable qu'il ne s'écartera de la difpofition commune que par de juftes motifs, que par la connoif-fance des qualités perfonnelles de fes fucceffibles , que par une prévoyance réfléchie pour leur intérêt particulier, pour le plus grand avantage de fa famille ; c'eft une pré-

_____

(7) Balnage en rapporte des exemples fur l'art. 235 de la Cout. de Normandie :

somption que l'on ne peut détruire qu'en suppofant , contre toute raifon , que les enfans font communément plus fages que les peres, & que faut-il de plus pour décider le Légiflateur à conferver cette liberté naturelle ?

Dira-t-on que les inconvéniens qui naiffent des fucceffions légitimes font les inconvéniens d'une loi jufte, tandis que ceux qui naiffent des fucceffions teftamentaires font du fait de l'homme ? Je fuis étonné qu'un de nos plus grands Auteurs fe foit arrêté à cette raifon, qui n'eft qu'une diftinction de college. Je conçois qu'une loi néceffaire ne doit pas être abolie pour quelques inconvéniens accidentels & rares ; mais

---

» Il eft de l'intérêt public , (dit cet Auteur) » de donner toute autorité à la difpofition » d'un pere qui defire conferver fes biens » dans fa famille , & qui veut prévenir la » perte de fes enfans «

K vj

quand au lieu d'être néceffaire, elle n'eft pas même jufte, quand le fruit qu'elle apporte n'eft pas en proportion du facrifice qu'elle exige, quand elle produit réellement plus d'injuftices qu'elle n'en prévient, je n'y vois qu'une nouvelle plaie à l'ordre moral, par cela même que le mal vient de la loi.

Ceux dont les ancêtres ont inconfidérément facrifié cette liberté, ne manquent pas de s'applaudir de la fageffe de leur Coutume, qui tient l'homme *dans une curatelle générale perpétuelle, qui a aboli tous les piéges que les flateurs & les vautours tendoient aux mourans;* il faut bien juftifier la loi qu'on s'eft donnée & chercher quelque confolation qui dédommage de la foumiffion qu'on lui doit. Je me garderai bien de propofer ces avantages à ceux qui fe font maintenus dans ce droit naturel, ou qui l'ont déja recouvré;

les peuples qui fe les exagerent aujourd'hui, en jugeront eux - mêmes
différemment quand ils voudront
les apprécier dans la perfpective
d'une nouvelle légiflation, quand
ils ne feront plus gênés par le refpect d'une loi en vigueur, (1) ils

---

(8) L'ancienne Cout. de Bourgogne ne
permettoit pas de faire *un de fes vrais héritiers légitimes meilleur que l'autre* ; les Com-
miffaires de la réformation fe plaignirent de
cette gêne, & *néanmoins, ils ne crurent pas,*
(dit Bannelier) *devoir rien retenir dans leurs
cayers, tant étoit grand le refpect pour la loi
reçue & obfervée.* La nobleffe fut la premiere
à fecouer le joug de cette prohibition : le
préjugé une fois ébranlé, le Clergé defira
bien-tôt que l'article de la réforme lui fût
commun : le Tiers Etat, qui l'avoit d'abord
refufé, l'adopta quelques-temps après dans
une affemblée particuliere ; & les Citoyens
de tous les Ordres fe félicitent aujourd'hui
de ce changement ; & ils ne conçoivent plus
comment leurs peres ont pu penfer différemment pendant quatre fiecles. De pareils exemples font bien faits pour défabu-

ientiront que cette curatelle hon-
teufe à l'humanité, met en contradiction le vœu général & la pré-
fomption de fon accompliffement;
que la perfection d'une loi confifte
à prévenir les écarts, à arrêter les
excès, & non pas à enchaîner tous
les citoyens dans la crainte qu'il ne
fe trouve quelques furieux; que le
fort des enfans fera plus fûrement
& plus également à couvert, en leur
affurant une légitime fur tous les
biens, en la portant à la moitié de
la portion héréditaire (1); que la
réferve d'une quotité des propres
eft tout ce que l'on peut accorder
par un jufte tempérament à la faveur de la confervation des biens
dans les familles; que l'on aura pris

---

fer ceux qui croiroient encore à l'influence
du climat, pour faire voir à quoi tiennent la
différence & l'affection des loix locales fur
les articles les plus importans.

(1) Arrêtés de M. de Lamoignon, part. 2.

affez de précautions contre les fug-
geftions, lorfque l'on aura circonf-
crit la capacité de tefter dans l'âge
·& pendant la durée de la pleine raifon, foit en interdifant la difpofition
des propres avant la majorité (1) ,
foit en exigeant une furvie & affu-
jettiffant les actes de derniere volonté à la formalité d'une foufcription ,
pour prévenir les antidates ologra-
phes ; ils'éprouveront bientôt que
dans le fait les teftamens prévien-
nent plus de procès qu'ils n'en occa-
fionnent , qu'ils coupent racine à
toutes les fraudes auxquelles l'affection violentée a recours pour éluder
la prohibition de difpofer , & dont
les dénonciations font retentir continuellement les Tribunaux ; ils reconnoîtront enfin qu'avec ces modifications, & quelques autres, dont
je crois inutile de m'occuper , la loi

_____

(1) Arrêtés de M. de Lamoignon.

de la difponibilité fera une loi précieufe à toute la France, une loi
importante à l'ordre public, en ce
qu'elle affermit l'autorité des peres,
en ce qu'elle excite les enfans à mériter par leur refpect, les parens
par leur attachement, & les uns les
autres par leur conduite; une affection intéreffée à bien peu de prix
aux yeux de celui qui en furprend
le motif, mais un Légiflateur fe
flatte, avec raifon, d'avoir beaucoup fait pour les mœurs, lorfqu'il
a ajouté aux moyens de produire les
actes extérieurs de la vertu.

TROISIEME CLASSE.

III. Je paffe à la troifieme divifion,
que j'ai cru devoir préfenter des difpofitions coutumieres; celle - ci eft
la plus étendue; mais, comme je
l'ai dit, c'eft la plus indifférente;
c'eft celle qui tient le moins à l'affection, à l'habitude des peuples, qui

renouvelle, au contraire, continuellement fous leurs yeux, les abus
déplorables de la contrariété, de la
diverfité des loix. Je me garderai
bien de fuivre par ordre toutes les
matieres qu'embraffe cette divifion,
il fuffira d'en raffembler quelques
exemples pour décider le foulevç-
ment général & le vœu de l'uniformité.

Il eft poffible que ceux que leur
état ou leurs affaires n'ont jamais
conduit au barreau, fuppofent encore que nos loix coutumieres y font
toujours religieufement obfervées ;
qu'ils fe perfuadent que la lettre en
eft affez claire, pour être toujours
entendue de la même maniere, les
principes affez d'accord pour en régler toutes les conféquences, & leur
efprit affez décidé pour en circonf-
crire l'application; mais j'en appelle
à la bonne foi de ceux qui font mieux
inftruits : nous fommes bien moins

aujourd'hui fous l'empire de ces
ftatuts, que fous l'empire des opinions des Commentateurs & de
quelques préjugés, qui n'ont pas
même la force de fe foutenir
contre de nouvelles fubtilités,
qui, fe fuccédant comme les modes,
ne fervent qu'à allonger le factum
d'un malheureux plaideur, par l'hiftoire des différentes époques de la
Jurifprudence & de fes révolutions
arbitraires.

Je ne parlerai pas des changemens
que nos Coutumes éprouverent au
temps des réformations ; le mot de
Chopin, témoin & acteur, fuffit
pour nous en faire juger : *novæ funt
potiùs triumvirorum emendatorum fanc-
tiones, legefque eorum judicio, muni-
cipibus dictæ, quam avita provincia-
lium inflituta.* M. Bouhier montre
encore très-bien que nos Coutumes
fympatifoient davantage avant ces
réformations, qui ne font la plupart

que *des innovations, & souvent des abus tournés en Coutumes* ; & qui est-ce qui ne voit pas que plus il y en aura de semblables, plus il y aura de de diversité, parce que chaque pays aura infailliblement quelques idées nouvelles, dans la possession desquelles il faudra le maintenir, sans s'embarrasser de les concilier, ni avec les anciennes ni avec celles de ses voisins? Mais la conséquence importante que nous devons tirer de ces faits, c'est que l'opinion se joue réellement de notre respect imbécille, pour ce que nous appellons le droit, les mœurs de nos peres ; qu'elle le change, le détruit, le remplace à son gré, sans que notre affection en murmure. Voilà donc ces usages prétendus appropriés au climat, au génie des peuples, auxquels on ne peut toucher sans changer leur maniere d'être, sans blesser leurs droits, sans exciter leur réclamation ! *Risum tenentis amici.*

La puiſſance paternelle eſt, ſans contredit, un des articles qui tiennent de plus près au ſyſtême moral; ſuivons un peu l'hiſtoire de ce point de droit. Tous nos anciens Auteurs ſont d'accord que de leur temps elle avoit lleu dans tout le Royaume. (1) Quel événement phyſique ou politique à tout à coup néceſſité l'abrogation de ce droit dans une partie ? Là on le conſerve religieuſement ; ici on le déclare odieux & injuſte ; ailleurs on le modifle : les uns déterminent l'émancipation à la puberté, d'autres à vingt ans, d'autres à vingt-cinq ; ceux - ci aſſignent un terme différent à la raiſon du noble & à

_____

(2) Voyez la Somme Rurale, le Grand Coutumier, Jean Deſmarres, &c. »On ne » peut en donner une preuve plus authenti- » que, (dit M. Bouhier) que l'ancien uſage, » où les peres étoient encore au treizieme » ſiecle, de conſacrer irrévocablement leurs » enfans à la profeſſion monaſtique, même » dès le ventre de leurs meres «.

celle du roturier ; plufieurs exigent
une émancipation expreſſe, plufieurs
établiſſent des préſomptions qui la
ſuppléent ; on s'aviſe dans le Bourbonnois d'une exception en faveur
des prêtres ; à Rheims, tout négoce,
toute charge publique, affranchit de
cette puiſſance ; elle ceſſe en quelques endroits par le ſeul fait de la
mort de la mere ; & il ne faut pas
s'imaginer, encore une fois, que
ces changemens, une fois arrêtés,
toutes les opinions s'y plient & en
conſervent l'eſprit. Que l'on demande, par exemple, à la Bourgogne
comment, en quel temps, & pourquoi elle a accordé aux fils de famille
le pouvoir de teſter ; que l'on demande au Lyonnois ce qui l'a déterminé à recevoir l'émancipation
tacite des filles par le mariage, à
aſſimiler le pécule adventiçe au pécule caſtrenſe ? Chercher à rendre
raiſon de ces variations, c'eſt vou-

loir fonder fur le même principe
deux conféquences contradictoires ;
c'eft ce qui arrive tous les jours à nos
Commentateurs , même les plus
éclairés , & c'eft - là ce qui donne
naiffance à tant d'erreurs, qui deviennent enfuite des vérités locales.
Un motif de faveur entraîne dans un
écart ; le fophifme vient le juftifier ,
il paffe en préjugé ; on l'applique en
toute occafion ; les parités fe multiplient ; on eft parti du même point ,
on fe trouve à cent lieues de dif-
ftance , & chacun demeure dans la
fauffe confiance qu'il fe tient dans
l'efprit d'un droit qui lui eft propre ,
qui lui eft cher, qu'il a reçu par une
tradition fidelle , & que l'on ne peut
lui ôter fans trouble. La matiere
préfente me fournit heureufement
de quoi en donner une jufte idée :
les deux Bourgognes mettent la fille
qui fe marie en la puiffance du mari ;
mais on a raifonné bien différemment

dans l'une & l'autre, en conséquence de cette disposition ; dans le Duché on en conclud l'émancipation du mari, *quia in suâ potestate alium habere non potest, qui non sit ipse suæ potestatis.* (1) En Franche-Comté le mari demeure sous la puissance du pere, & l'usage particulier de sa capitale tient à la fois la fille mariée sous les deux puissances du pere & du mari.

Je ne puis m'empêcher de dire à l'occasion de ces bizarreries, qu'indépendamment de l'avantage d'avoir à ce sujet une regle fixe & uniforme, il importe à l'ordre public de rétablir & de maintenir la puissance paternelle, jusqu'à l'âge où les loix abandonnent à sa propre raison l'homme qui n'a plus de pere, (2) & de la faire

_____

(1) Ph. de Villers, sur la coutume de Bourgogne.

(2) Voyez les Arrêts rapportés au Journ. des Aud. Tom. 4, Liv. 4, chap. 20 & L. 11, chap. 29 ; ils prouvent que la nécessité en

cesser par-tout, comme le proposoit déja M. de Lamoignon, du jour que les enfans ont acquis la majorité ou qu'ils se sont mariés. La prolonger au-delà, c'est priver une partie des citoyens de l'existence civile, c'est les forcer à murmurer de la longue vie de leurs peres, c'est tendre un piége à la bonne foi. Quand l'âge a mis sur le front d'un homme le signe visible de sa capacité pour contracter, il est odieux de faire dépendre la validité de ce contrat d'une circonstance accidentelle, qui n'a qu'un rapport arbitraire & de convention avec cette capacité, qui ne se manifeste par aucun signe apparent; Il n'y a que le remede de l'interdiction publique pour ceux dont la prodigalité trompe cette présomption

---

est bien sentie jusques dans les pays coutumiers, qui ne donnent pas plus d'autorité au pere sur l'enfant, qu'au tuteur sur le pupille.

naturelle;

naturelle ; & de quel droit les peres
qui ſe refuſent à cette précaution ,
dans la crainte d'imprimer une tache
à leurs enfans , viennent-ils reprocher aux créanciers qu'ils affrontent
l'opinion qu'ils ont eu de leur prudence ? On n'a pas jugé que le créancier fût aſſez puni d'attendre que ſon
débiteur eût des biens échus , de
riſquer de tout perdre par ſon prédécès , on a voulu que l'engagement
civil fût caſſé. Le croira - t - on ?
on a été dans quelques Tribunaux
juſqu'à éteindre , en pareil cas ,
même l'obligation naturelle du fils
de famille , ſans diſtinction ni de
l'âge , ni des cauſes de la dette (1).
Quand les peres ſe repoſeront moins

---

(1) J'ai vu prononcer la nullité d'un billet
de cent livres pour habillemens fournis à
juſte prix , à un fils de famille âgé de plus de
trente ans , pourvu d'un office de Conſeiller
dans un Bailliage , qui avoit par conſéquent
un pécule *quaſi Caſtrenſe.*

Tome I.

fur ces jugemens, ils feront plus attentifs à donner à leurs enfans des mœurs qui répondent de leur conduite.

Je ne m'étendrai pas autant fur les autres exemples, que je prendrai au hazard dans la foule. Rien n'eft fi familier que le partage que le pere fait à fes enfans de fon vivant. Les Coutumes de Bourgogne & de Bourbonnois le déclarent révocable à volonté, pour décider les peres à avancer la jouiffance des enfans; on a demandé s'il devoit être de tous biens, on tient dans le Bourbonnois pour l'affirmative; quinze Commentateurs l'ont enfeigné en Bourgogne, l'un après l'autre, fondés fur un Arrêt mal entendu, & les Bourguignons ont vêcu fous l'empire de leur opinion; un Auteur plus moderne à critiqué leurs motifs, on a embraffé l'opinion contraire, & la queftion a été jugée fur ces principes.

Les Coutumes de Touraine &
Dourdan font foucheres ; il y a
Arrêt pour la premiere , qui adjuge
les propres au pere , à défaut de parens iffus du premier acquéreur ; il
y a Arrêt au contraire pour la feconde , qui donne en ce cas l'exclufion au pere , en faveur des colla-
téraux , & chacune s'applaudit de la
fageffe de fon droit municipal.

Les rentes conftituées font réputées meubles prefque par toute la
Gaule belgique ; elles font réputées
immeubles dans la Gaule Celtique
& l'Aquitaine ; je laiffe à penfer fi
c'eft le climat qui a décidé cette
fiction ; mais pourquoi n'eft-on pas
au moins d'accord fur les effets qu'elle
doit produire ? S'agit-il de régler la
nature d'une telle rente pour fçavoir
à qui elle échoit en fucceffion, pour
décider fi elle eft affectée à une dette
hypothécaire ? Tantôt on confidere
le dernier domicile du créancier,

tantôt le domicile du créancier à
l'époque de la constitution ; & le
Parlement de Normandie ne fait état
que de la Coutume de la situation
des fonds que le débiteur a hypo-
théqués.

La raison d'une disposition d'une
Coutume forme souvent un principe contraire dans un autre. Ainsi Dumoulin prouve que les rentes sont
immeubles, parce qu'autrement elles
tomberoient dans la Communauté
des conjoints : *si computarentur inter
mobilia , confunderentur ab initio in
communione conjugum.* Que devient
en Bourgogne cette parité de raison ?
Les rentes y sont meubles en général , & immeubles par rapport à la
communauté des mariés.

Le mort saisit le vif est un texte
commun à plusieurs Coutumes ; on
dit dans les unes qu'il bannit toute
institution d'héritiers , dans les autres qu'il ne l'exclut pas.

Meubles n'ont point de fuite par hypothèques : Voilà une autre maxime du droit commun coutumier ; plu-fieurs en concluent la préférence du premier faififfant, fans égard pour la datte des créances, fi elles n'ont privilége ; en Normandie on n'ad-met point cette conféquence ; en Bourgogne on l'applique, même en cas d'infuffifance & d'appofition de fcellé, & le premier créancier, inf-truit du décès, évince tous les au-tres par le feul effet de fa diligence.

Que de variétés encore dans la crue des meubles pris par eftima-tion, dans le partage des fruits pen-dans à la diffolution de la Commu-nauté ! Je ferois un gros volume avant que d'épuifer les propofitions arbitraires, les diftinctions capri-cieufes, les partis mitoyens, les ré-folutions d'équité ruftique, qui divi-fent la Jurifprudence fur un même point ; les principes, les formalités

L iij

de nos retraits lignagers, vraiment
dignes de dérision, pour me fervir des
termes d'un de nos meilleurs Auteurs, occuperoient feuls plufieurs
chapitres ; cet ufage cependant n'eft
qu'une fuite de notre affection à la
confervation des propres dans les
familles ; mais en l'adoptant, chacun a voulu y mettre du fien, chacun a voulu être plus fage que fon
voifin. Là, il faut être du côté &
ligne d'où vient l'héritage, pour le
prendre par retrait ; ici, il fuffit
d'être parent du vendeur ; quelques
Coutumes l'ont étendu jufqu'aux
acquêts, jufqu'à un fimple ufufruit.
Les uns le préférent, les autres le
fubordonnent au retrait féodal ;
ceux-ci l'admettent en licitation,
ceux-là le rejettent : même diverfité pour le retrait de mi-denier ;
pour les ventes par decret ; telle
Coutume donne l'héritage au plus
diligent, telle autre au plus pro-

chain lignager ; la durée de cette
action n'est pas même uniforme par-
tout : les actes qui font courir le
temps utile, ceux qui doivent pré-
céder l'échéance fatale, font encore
différens dans les différens territoires ; mais c'est bien autre chose pour
les formalités, il est impossible d'imaginer une bizarrerie qui n'ait été
consacrée par quelque usage local ou
momentanée. *Il semble*, (disoient
les Rédacteurs des conférences tenues chez M. de Lamoignon,) *que
les Coutumes ayent pris plaisir à tendre
des piéges aux demandeurs en retraits,
pour les faire déchoir de leur action.*
C'est ici le champ ouvert aux subtils
champions des nullités ; armés de
cette phrase de collège : *qui cadit à
sillabâ cadit à toto,* il n'y a pas de procédure de retrait, où ils ne par-
viennent à trouver un mot de trop,
ou un mot de moins ; les synonimes
& les équipollens ne servent à rien ;

L iv

un Auteur a indiqué quelques nouvelles précautions *tutius confulendo ;*
nouveau germe de nullité ; & ce
qu'il faut bien remarquer, c'eſt que
cette Juriſprudence eſt reçue dans les
Coutumes mêmes, dont le texte n'im-
poſe d'autres conditions que de rendre à l'acquéreur *le prix & les frais rai-*
ſonnables ; on penſe bien qu'un droit
établi ſur de pareils motifs eſt ſujet
à changer ; les Juges ſont ſucceſſivement entraînés , ou par la conſidération des inconvéniens qui naiſſent
de cette faculté , & ils ſe prêtent
à la reſtreindre par les moyens que
leur laiſſe l'arbitraire des formes ; ou
par la conſidération de l'inconſéquence qu'il y a de laiſſer ſubſiſter
la loi & d'en rendre l'effet illuſoire ;
& ils ſe contentent d'examiner ſi le
retrayant a pourvu à la pleine in-
demnité de l'acquéreur. Auſſi n'eſt-il
pas rare d'entendre les Juriſconſultes en cette matiere , comme en tant

d'autres, raconter ce qui se prati-
quoit anciennement, attester *un dernier usage*, & compter souvent plusieurs variations dans l'espace d'un
siecle.

Et puis que l'on dise maintenant
que l'on ne peut nous donner des
loix nouvelles sur tous ces objets,
sans faire violence à notre affection,
sans troubler nos habitudes : non,
les gens sages & éclairés gémissent
depuis long-temps du peu de certitude, du peu de stabilité de notre
Jurisprudence ; les bons Juges demandent des regles, les pauvres
plaideurs n'apprennent qu'avec stu-
péfaction, qu'elle est toujours prête
à remettre en controverse les questions les plus familieres, & les autres
ne pourront regretter ce qu'ils n'auront pas connu. Disons donc har-
diment que la réforme, une fois
consommée, aura l'approbation générale ; il est temps de proposer les

G v.

moyens d'y procéder & de forcer,
dans le dernier retranchement l'obftination qui s'enveloppe des difficultés même de l'entreprife.

§.

Comment parviendra-t-on à changer tout de fuite tant de loix diverfes, à les remplacer fans intervalle,
à les rendre uniformes, fur-tout dans
tant de climats où les préjugés réfiftent à celles qu'il faudra y établir,
en un mot, à conferver cette uniformité quand on l'aura établie ? Voilà, dites-vous, Monfieur, bien de
la befogne, bien des difficultés ; &
j'en conviens avec vous ; mais vous
avez bien raifon d'obferver que la
plus grande de ces difficultés eft de
troubler l'inertie de ces efprits, qui,
fe repofant fur l'habitude, ne voyent
rien au-delà, qui crient contre toute
innovation ; parce que cela eft plutôt fait que d'en calculer les avan-

tages & les défavantages. Ce n'est
pas là une objection contre ce que
je propose, où, si c'en est une, c'est
à l'autorité à la résoudre, elle ache-
vera d'un mot ce que mille volumes
pourroient à peine entamer ; (1)
ainsi je ne m'en occuperai pas, je
dirai seulement : Veut - on le bien ?
Veut-on entrer avec moi dans quelqu'examen des moyens de nous
donner une bonne Jurisprudence ?
que l'on me suive encore quelques
instans, & je me flatte de démontrer que cela est possible, même
facile ; je n'aurai besoin pour cela
que de développer ce que j'ai annoncé en peu de mots ; (pag. 99 de mon
Discours) si l'on se refuse à cet

_____

(1) » Si la Nation ne réclame pas elle-
» même l'uniformité, le Prince doit récla-
» mer pour elle, & lui procurer un bien
» qu'elle ne connoît pas, & dont elle ressen-
» tira bien-tôt tous les avantages «. Boullé-
nois, dissertat. sur les Cout., Disc. prélim.

examen, à la bonne heure, j'aurai crié dans le defert, vous verrez encore que les fourds me jugeront : eh bien, je les plaindrai.

Comment s'eft formé le plus beau Code de Jurifprudence, le plus fage, le plus univerfel qui ait jamais exifté parmi toutes les nations ? Eft-ce l'ouvrage d'un Souverain ? Non. Les loix politiques font dans fa main, mais les loix politiques ne font pas la Jurifprudence ; dès qu'elles en tiennent lieu, il n'y a plus de propriété, il ne faut plus de Juftice, c'eft la volonté & non la vérité qui prononce; elle taxe arbitrairement au premier coup d'œil ce que le droit pefe avec fcrupule. Eft-ce l'ouvrage d'un confeil de Jurifconfultes ? Non. Des méditations abftraites font bien loin de pouvoir épuifer la moindre partie des hypothefes que forment le concours des circonftances, le conflit des paffions, le choc des intérêts ; ils ont fait tout

ce qui étoit en leur pouvoir, lorfqu'ils ont tracé les principes, établi
la bafe ; la loi des douze Tables fut
dreffée fur ce plan ; fi elle l'eût été
par des gens inftruits, elle auroit
moins gêné & plus fervi ; mais telle
qu'elle étoit, elle fervoit, elle étoit
néceffaire, cette gêne même étoit
falutaire pour l'harmonie ; mais la
loi des douze Tables ne formoit pas
plus un corps complet de Jurifprudence, que le texte le plus étendu
de nos Coutumes, fi on vouloit fe
reftreindre aux difpofitions qu'il
contient ; elle n'étoit donc tout de
même que le tableau des rapports
que la Jurifprudence devoit avoir
avec les loix du Gouvernement,
c'eft-à-dire, qu'elle fixoit quelques
principes de ralliement, quelques
vérités générales, établies par l'autorité ou par la convention, auxquelles toutes les décifions, toutes
les opinions devoient fe rapporter ;

comme à un centre commun. Un Code de Jurifprudence ne peut donc, à plus forte raifon, être l'ouvrage ni d'un philofophe, quelque foit la fupériorité de fon génie, ni d'un homme verfé dans la pratique du barreau, quoique lui ait appris la plus longue expérience ; le premier fera un beau fyftême pour rendre tous les hommes philofophes ; il fe bornera à raffembler des maximes, &, femblable à un médecin qui a des fpécifiques pour tous les maux, il aura la douleur de voir périr tous fes malades par des complications qu'il n'a pu prévoir. Le fecond n'ira pas jufqu'à ces maximes, la haine ou la faveur des circonftances feront en derniere analyfe les feuls motifs qui pourront le tirer du labyrinthe où l'aura conduit le pyrrhonifme de la difpute, & ni l'un ni l'autre enfin ne pourront fe flatter, ni par les titres de leur miffion, ni par le caractere de perfection de leurs écrits, de réunir jamais toutes les volontés.

Qui donc nous donnera ce Code de Jurisprudence que nous demandons ? Qui ? tous ceux que nous venons de nommer, travaillant de concert sous l'empire d'une loi qui leur marque le but, & avec eux le temps qui modifie les termes qui servent à désigner les choses, qui fait succéder d'autres questions, d'autres intérêts avec d'autres mœurs & d'autres événemens, & qui seul peut amener sous nos yeux tous les problêmes qui exigent de nouvelles solutions.

Quelques Jurisconsultes choisis dans le petit nombre de ceux qui joignent la grandeur des vues à la connoissance des loix anciennes, & à l'habitude des affaires, poseront la première pierre de ce grand édifice, en observant de ne jamais perdre de vue, que c'est une base sur laquelle

la durée des fiecles ne ceffera d'entaffer des matériaux, ils fe borneront
à un certain nombre de vérités premieres, déterminées par les rapports
de notre Gouvernement & de nos
mœurs ; ils en feront comme autant
de principes d'où toutes les vérités
de Jurifprudence doivent déformais
couler par le feul fecours de la morale ; ils les raffembleront en une
vingtaine de chapitres , compofés
chacun tout au plus d'une douzaine
d'articles bien médités , & l'on aura
terminé cette befogne , dont l'im-
menfité effraye depuis tant de fiecles.

L'autorité du prince & le confen-
tement des peuples , après un mûr
examen , mettront le fceau à leur
ouvrage , & pour lors on n'aura
plus befoin, pour confommer la réforme, que d'une feule loi de difcipline , qui défende expreffément
de citer & de donner aucune autorité aux chofes jugées entre d'autres

parties, qui établiffe une forme de
jugement pour les queftions ifolées
de circonftances, & qui ordonne
la révifion de ces jugemens, pour en
étendre le fruit, pour en maintenir
l'uniformité.

PREMIERE DISPOSITION.

Je reprends ces trois conditions ;
ou pour mieux dire, ces trois difpofitions, pour en faire connoître tous
les avantages :

La premiere eft *la défenfe de citer
les Arrêts* ; elle exifte depuis long-
temps dans le vœu de tous ceux qui,
connoiffant le barreau, ont pris la
peine de réfléchir un peu fur fes
ufages : celui-là n'eût-il que l'inconvénient de furcharger inutilement
les affaires, ce feroit déja un motif
affez puiffant pour le profcrire ; en
effet, dès qu'un Avocat a indiqué
la date d'un arrêt dont il fe prévaut,
fon contradicteur effrayé du pré-

jugé, court feuilleter les regiftres ;
ou la compilation où il fe trouve ; il
s'échafaude à rapprocher en entier
les deux efpeces, pour y trouver
quelques difparités , ce qui n'eft
pas difficile ; l'autre , à fon tour, les
contefte, ou s'applique à prouver
qu'elles font indifférentes & étrangeres aux circonftances propres de
la queftion ; les écrits s'entaffent
forcément, les parties elles-mêmes
les follicitent ; elles ne les trouvent
jamais affez longs pour répondre à
ces fortes de préjugés, & par ce
moyen, la plus fimple conteftation ,
devient fi compliquée, que les Magiftrats les plus exercés ont peine à
retrouver le fil qui doit les conduire.

Mais ce n'eft pas le feul mal que
produit l'ufage de citer les Arrêts ,
il perd abfolument la Jurifprudence ;
il la perd en égarant les Juges, en
introduifant fans ceffe un droit nou-

veau , & établiſſant loi contre loi ;
en formant , comme je l'ai dit , des
loix qui raiſonnent plus qu'elles ne
commandent ; auſſi les meilleurs
Juges ont-ils toujours dit que les
Arrêts ne pouvoient ſervir qu'à ceux
qui les avoient obtenus ; auſſi les
vrais Juriſconſultes n'ont-ils ceſſé de
crier : qu'il falloit ramener les Arrêts
à la Juriſprudence , & non la Juriſprudence aux Arrêts (1) : il la perd
en ôtant à l'Avocat tout principe ,
& lui rendant l'étude méthodique du
droit inutile & impoſſible. *Inutile* :
que lui ſervira ſa doctrine contre
un préjugé ? *Impoſſible* : Qui eſt - ce
qui voudroit entreprendre de meu-
bler ſa mémoire de tant de déciſions
incohérentes , de parcourir tant d'é-
normes compilations ? Où eſt maintenant le Juriſconſulte qui peut ſe

(2) Voyez M. le P. Bouhier , Obſervat.
ſur la Cout. de Bourgogne , dans ſa préface
& *paſſim.*

dire : *ad omnia respondere paratus* ?
Une décision recueillie par le dernier Clerc suffira pour le déconcer-
ter, parce qu'en effet, il n'y a rien
à répondre à celui qui atteste l'avis
de six contre quatre.

Bouvot est de tous les Arrêtistes,
celui qui m'a toujours paru avoir
mieux vu le parti que l'on pouvoit
tirer de cet usage ; il ne manque à sa
compilation que la foi qu'on lui refuse, pour que ce soit un excellent
livre ; il ne s'er   s dans le récit des especes, il   ne la question ;
indique la raison de douter, la raison
de décider, le tout en très-peu de
mots, & donne la date de l'Arrêt
qui l'a ainsi résolu. Il ne faut pas
s'étonner de ce qu'on a suspecté son
témoignage, il n'étoit pas à portée
d'être toujours bien instruit des motifs des Juges, & quand il l'auroit
été, ceux qui sçavent que bien souvent les Juges sont de même avis

par des motifs différens, que l'un
se décide par le fait, tandis que
l'autre ne voit que la question de
droit, sans aucunes circonstances
capables d'en modifier la solution,
se persuaderoient toujours difficile-
ment, qu'il n'eut pas quelquefois
supposé la question nue, & cherché
à prêter quelque autorité à son opinion particuliere.

Denisart, dans sa collection, pâ-
roît avoir cherché le même avantage, c'est-à-dire, d'isoler autant
qu'il étoit possible, la décision du
fait; l'attention qu'il a eu de n'amener ces préjugés qu'à la suite des
principes généraux, comme ne devant servir qu'à en étendre ou à en
régler l'application, a déterminé la
confiance ; & je regarde son ouvrage comme ce qu'il y a de plus par-
fait en ce genre, comme tout ce que
l'on peut faire, peut-être, de meilleur & de plus utile dans l'état actuel

de notre Jurifprudence, où le défordre des chofes force à fuivre
l'ordre des mots. Mais, convenons-
en une bonne fois, cent volumes
pareils ne nous donneront pas une
Jurifprudence ; c'eft un recueil de
loix & non des recueils d'arrêts qu'il
nous faut ; commençons donc par
profcrire entierement l'ufage de les
citer. La feconde difpofition que
je propofe, a pour objet de remplacer la lumiere incertaine qu'ils
pouvoient répandre, par des décifions données fous une autre forme,
qui réuniront l'énergie, la vérité
& l'autorité.

SECONDE DISPOSITION.

Par cette feconde difpofition, le
Prince conftituera un certain nombre de Magiftrats, pris dans les différentes Chambres du même Tribunal,
& choifis parmi ceux qui fe feront
diftingués, pour juger toutes les

queſtions nues qui ſe préſenteront ;
quatre Avocats , ou plus s'il eſt néceſſaire , également appellés à cette
belle fonction , par les ſuffrages de
leur ordre, ſeront chargés de faire
le thême de la queſtion iſolée de
toute conteſtation particuliere ; l'un
des Gens du Roi donnera, à la vue
de leurs Mémoires , un avis tiers ,
où il s'attachera à ſaiſir tous les rapports de la queſtion avec l'ordre public : le problême ainſi éclairci, ſera
réſolu définitivement , par l'eſpece
de comité de Magiſtrats Juriſconſultes ; & la ſolution inſcrite dans
le livre des pandectes françoiſes ,
avec les loix du Prince & les régle-
mens , comme on a inſcrit dans les
pandectes romaines, les Conſtitu-
tions des Empereurs , les Sénatus-
Conſultes , & ces déciſions , que
nous appellons encore, *reſponſa pru-*
dentum ; elle y ſera inſcrite pour
ſervir de loi , non ſeulement aux

parties ; dans la contestation qui aura fait naître le doute ; mais encore à tous les peuples du ressort , à tous les ressorts qui partagent le Royaume, & peut être par la suite , à l'Univers entier , comme le droit des Romains, par l'empire de sa sagesse.

Que d'avantages je vois naître d'une pareille discipline ! Que de maux elle fera cesser ! On ne contestera pas sans doute que le Prince doit la justice à ses peuples ; mais est-ce tout ? Non. Il leur doit encore la loi ; ce sont deux obligations morales & politiques, étroitement liées, & à vrai dire indivisibles ; autrement je ne vois que des Juges & point de justice. Il la doit aux Tribunaux , dont le premier vœu est de s'y conformer ; il la doit aux parties obligées de la prévoir dans leurs traités & dans leurs actions ; & , de quel droit , sans cela , infligeriez-vous la peine du téméraire plaideur ; peine que

que l'énormité des frais de procédure a rendue si terrible ? On cite
tous les jours au Palais cette maxime:
que *l'ignorance du droit n'excuse pas*.
Je n'ai garde de l'attaquer en elle-
même, elle est nécessaire, elle est
juste, lors même qu'elle paroît trop
dure ; où en seroit-on, si l'erreur
ou la dissimulation pouvoit dispenser
de tout, rendre tout licite ? Mais où
en sommes-nous aujourd'hui, que
nous supposons la science des choses
qui n'existent pas, que nous punis-
sons une ignorance, que nous re-
connoissons invincible? Deux parties
entrent en procès, un point de droit
controversé doit préjuger tous les
chefs, les Juges s'en occupent d'a-
bord, ils l'agitent avec toute l'attention, toute l'intelligence, toute
l'impartialité possible ; ils sont quelque temps partagés, deux voix se
détachent, on compte, & voilà une
des parties ruinées, pour avoir

Tome I.   M

ignoré une vérité qui, l'inftant auparavant, n'étoit pas vérité : il n'eft
perfonne de ceux qui ont quelquefois fréquenté le Barreau, qui n'ait
vu cent exemples pareils, perfonne
qui n'ait vu ordonner des enquêtes,
des defcentes, des rapports & autres préparatoires de fait, tandis
que le préparatoire de droit, dont
on réfervoit la décifion, auroit épar-
gné toutes ces procédures, ou du
moins, auroit juftifié la condamnation de celui qui auroit contefté mal-
à-propos.

C'eft ce que l'on ne verra plus
arriver dès que la loi que je propofe
fera portée, & fon exécution fera
auffi fimple que facile. En tout état
de caufe, la partie qui fera dériver
fon droit ou fon exception de la
folution d'une queftion, prendra
une confultation d'un Avocat, qui
ait au moins dix ans d'exercice, pour
établir briévement l'intérêt qu'elle a

à la faire juger ; elle la joindra à un
simple , *qu'il vous plaise* , pour faire
ordonner par la Cour que la question soit agitée au comité des Jurisconsultes ; si la Cour le refuse , parce
que la question lui paroît singulière ,
subordonnée à des circonstances rares , minutieuses , ou même présen-
tée sous une forme insidieuse , les
parties reprendront les erremens
de leurs procédures ; (1) si elle
l'accorde , une simple sommation
de la partie qui l'aura obtenue , suf-

***

(3) Si la question étoit de nature à ne pas
intéresser seulement la Jurisprudence , mais
encore la Législation , le Parlement feroit
dès-lors , c'est-à-dire , avant toute contestation forcée & inutile , ce qu'il ne peut faire
aujourd'hui , qu'après que les parties ont
passé dans tous les Tribunaux inférieurs ,
qu'après qu'elles se sont épuisées en frais &
en procédures , pour leur demander ce qui
excédoit leur pouvoir , on leur ordonneroit
dès-lors de se retirer par devers Sa Ma-
jesté.

M *ij*

fendra la contestation jusqu'après la
décision ; alors il sera délivré aux
quatre Avocats consultans, un extrait
de la question ordonnée être prépa-
ratoirement jugée, sans aucune circonstance étrangere, & sans nom
d'aucune partie, & lorsque le comité
des Magistrats aura donné sa résolution, la partie sera tenue de la
faire signifier, soit qu'elle favorise,
ou qu'elle condamne le système de
ses prétentions, & le peu de frais
auquel donnera lieu cette espece
d'incident, sera à sa charge, sans
pouvoir le recouvrer.

Ainsi les deux parties connoîtront
alors la loi d'après laquelle elles seront jugées, elles pourront s'éxécuter
dès le premier instant, en bornant
ou rectifiant leurs demandes, en
faisant des offres, donnant des con-
sentemens ; & si elles contestent,
celle qui succombera n'aura plus que
ce qu'elle aura bien mérité par son

obſtination & ſon aveuglement.

Soit que l'habitude de voir des malheureux endurciſſe à la fin , ſoit que la multiplicité des abus, que l'on ne peut empêcher , faſſe négliger les remèdes que l'on pourroit apporter à quelques-uns , parce qu'ils deviennent une ſomme infiniment petite dans une maſſe effrayante , il eſt certain que les Tribunaux étoient autrefois plus zelés , plus attentifs pour aſſurer , pour maintenir au moins quelques points fixes dans la Juriſprudence ; l'uſage qu'ils s'étoient preſcrit à cet effet , a beaucoup de rapport au plan que je propoſe , on y découvre le même but , & les avantages étoient en proportion des moyens que l'on pouvoit employer : lorſqu'il ſe préſentoit une de ces queſtions , dont le retour paroiſſoit devoir être fréquent, dont le doute menaçoit la tranquilité des familles , la ſureté des contrats , on en procla-

M iij

moit la décision, la Cour, féant en robes rouges, à certains jours folemnels; le Préfident, après l'Arrêt pronocé, avertiffoit le Barreau de ce que la Cour penfoit de la queftion agitée, (1) & les Avocats s'empref-

(4) Cet ufage eft nommément rappellé, ou plutôt reclamé par Bretonier fur Henrys, dans fes Obfervations, *dix-neuvieme Plaidoyer*; il ne fera pas inutile de rapporter fes termes, qui renferment des vues très - analogues au plan que je développe. Après avoir eu occafion de relever plufieurs de nos plus célèbres Arrêtiftes, il ajoute : » Si deux » Magiftrats auffi éclairés, qui étoient tous » deux de la même Chambre, qui avoient » tous deux affifté au jugement, rapportent » l'Arrêt différemment, que doit-on attendre des autres ?..... Il y auroit un moyen » de remédier à ce mal, tant pour le paffé » que pour l'avenir ; pour le paffé, il faudroit commettre des perfonnes intelligentes, pour vérifier au Greffe les Arrêts qui » fervent de maximes, & en faire des remarques ; pour l'avenir, il faudroit nommer » en chaque Chambre deux de Meffieurs,

foient de recueillir ces réfolutions :
on tenoit dans quelques Parlemens
un regiftre connu fous le nom de dé-
libérations fecrettes, où l'on rete-
noit que la Cour avoit adopté tel
principe, telle interprétation, qu'elle
avoit jugé telle queftion ; quelquefois on ordonnoit qu'il en feroit ré-
féré à l'affemblée de toutes les
Chambres, & c'eft ce qui donnoit
lieu à ces Arrêts célèbres, que les

» des plus éclairés & des plus laborieux,
» pour recueillir, fur un regiftre particulier,
» les décifions des Arrêts qui jugent des
» queftions. A l'égard des Arrêts rendus à
» l'audience, il faudroit que les Avocats des
» Parties, de concert enfemble, rédigeaf-
» fent la queftion, ou que dans les caufes
» où Meffieurs les Avocats Généraux au-
» roient porté la parole, ils donnaffent leur
» Plaidoyer pour le joindre à l'Arrêt, ou
» enfin, que Meffieurs les Préfidens fiffent
» comme autrefois : ils déclaroient aux
» Avocats, ce que la Cour avoit entendu
» juger «.

Auteurs nous difent avoir été rendus, *claſſibus confultis*, & qu'ils regardent encore, avec raiſon, comme les feules bornes que la hardieſſe des opinions n'a pas oſé franchir. Il ne nous reſte pas même une ombre de ces uſages précieux, & rien ne prouve mieux combien l'arbitraire a gagné, puiſque les Juges eux - mêmes font réduits à craindre de ſe trop engager, s'ils étendoient l'autorité de leur réſolution hors des conteſtations qu'ils terminent. Ils permettent à peine l'impreſſion de quelques Arrêts notables, qui n'ont d'autre garant de la vérité du préjugé que l'on veut en tirer, que la parité de l'eſpece, qu'il faut en conſéquence y inférer ; c'eſt-à-dire, qui ont, à très-peu de choſe près, tous les inconvéniens des compilations d'Arrêts ; auſſi ne ſeroit-il pas impoſſible de citer des exemples d'une même queſtion diverſement jugée dans les

différentes Chambres d'un Parlement, tellement que le fort du procès qui la faifoit renaître dépendoit
abfolument ou du hazard du fémeftre
ou de l'adreffe du plaideur le plus
actif, pour faifir la Chambre dont la
Jurifprudence lui étoit favorable. (1)

Dans quelques Tribunaux d'Alle-
magne, l'ufage s'étoit établi anciennement, lorfqu'il fe préfentoit une
queftion de droit épineufe & difficile,
de confulter les Univerfités ; je ne
fçais fi cet ufage fubfifte encore en
quelques endroits, mais je n'ai été
nullement furpris de voir qu'il avoit
été expreffément aboli dans quelques Etats, (1) & je ne crains pas

_____

(5) Voyez Arrêtés de la cinquieme
Chambre des Enquêtes, imprimés à la
fuite des Œuvres de M. le Prêtre, pag.
XLIX ; cette Chambre s'oppofa à ce qu'un
Arrêt, qui changeoit la Jurifprudence, fût
prononcé en robes rouges.

(6) Voyez Code Fréderic.

M v

que l'on m'oppofe les inconvéniens
que le temps a pu faire découvrir
dans cette pratique : on peut dire ,
fans manquer à ce qu'on doit à la
réputation de ces fçavantes Univerfités, qu'elles ne font plus aujourd'hui
ce qu'elles furent dans l'origine, lorfque, placées à des diftances plus confidérables les unes des autres, leur célé-
brité étoit moins partagée, lorfqu'elles voyoient arriver à leur concours,
tout ce qu'il y avoit de plus diftin-
gué, non dans leur province , mais
dans l'Europe entiere ; ceux qui y
profeffoient fçavoient alors plus de
droit que n'en peuvent enfeigner
aujourd'hui tous les livres de leurs
vaftes bibliotheques , ils fçavoient
tout ce qui avoit été dit & écrit
avant eux dans cette fcience ; il ne
faut donc pas s'étonner que les Juges
fe foient fait alors une loi de prendre
leur avis , qui ne pouvoit les égarer,
parce qu'il n'avoit rien d'arbitraire.

Tant que l'autorité de ces opinions
s'eſt maintenue , ſinon par la ſupériorité même des hommes , du moins
par la force des circonſtances , cette
ſorte de déférence des Juges pour les
Juriſconſultes , n'a pû être que très-
utile , & il ne manquoit , ſans doute ,
à cet uſage , que de faire connôître
encore la vérité avant les conteſtations que le doute occaſionnoit ,
pour réunir tous les avantages que
préſente le plan annoncé ; mais dès
que ces opinions n'ont plus fait lôi ,
il eſt bien évident qu'elles n'ont
plus ſervi qu'à ſurcharger inutilement la procédure d'une ſimple con-
ſultation , donnée avec un peu plus
d'appareil , & que les raiſons qui
en ont fait abolir l'uſage , ſont les
mêmes que celles qui ſollicitent
aujourd'hui la défenſe de citer des
Arrêts de préjugé , & la ſuppreſſion
des certificats d'uſage , (1) parce

(7) Voyez M. le P. Bouhier , tom. 1 , pagi

M vj

qu'encore une fois, tous ces prétendus motifs de décider peuvent fouvent égarer les Juges , & jamais les
obliger ; c'eft-là, en effet, leur principal caractere & leur vice commun ,
& fous ce point de vue , il n'y a
nulle comparaifon à faire entre eux
& les réfolutions légales , par lefquelles je propofe de les remplacer.

Un autre abus , que l'on verra
ceffer encore avec l'établiffement de
la nouvelle difcipline , eft l'abus
même des queftions. Demandez aux
gens du Barreau les mieux inftruits
le récit fincere de ce qui s'y paffe
journellement , ils vous répondront:
l'expérience nous a appris que de
mille procès qui s'y préfentent avec
l'appareil d'un grand problême de
Jurifprudence , il n'y en a quelquefois pas dix dont le jugement dépende exactement de la folution de ce

---

274 & fuivantes, de fes Obfervations fur la
Coutume de Bourgogne.

problême ; voilà la fuite de l'arbitraire, le fait laiffe peu de reffources à la fubtilité, quand le droit eft
certain ; mais ce qui eft du reffort de
l'opinion ouvre une vafte carriere ;
une caufe déplorable change tout à
coup de face, parce que l'on s'eft
permis d'élever un doute, de foumettre un principe à un nouvel examen ; l'équité fe souleve en vain
contre cette adreffe pernicieufe ;
l'intérêt de la queftion fait difparoî-
tre l'intérêt des malheureux qu'on
dépouille. Je fuppofe que le Juge dé-
mêle l'artifice, qu'écartant la thèfe
épineufe ou hardie que l'on lui préfente, il fe décide par la force des
circonftances, par les confidérations
qui naiffent du fond de la conteftation, un autre plaideur eft là qui
écoute, il attend que fa mémoire
remplie d'autres objets, ait laiffé
échapper les motifs de cette décifion,
& lui rappellant pour lors qu'il a

condamné telle partie qui foutenoit telle propofition, qui en faifoit la bafe de fa défenfe, il l'entraînera dans l'erreur, par la crainte de fe réformer lui-même.

Je ne m'étendrai pas plus fur les avantages du nouveau plan que je propofe ; en voilà bien affez pour décider les vœux de tous ceux qui s'occupent fincérement du bien public, il me fuffit de faifir & de préfenter les grands traits ; un moment de réflexion découvrira aifément tous les détails que je néglige, & l'expérience fera connoître encore bien d'autres bons effets, que la réflexion n'aura pu prévoir que confufément. J'ai voulu en ufer tout autrement, par rapport aux inconvéniens ; je me fuis attaché à les épuifer, & je puis dire, avec vérité, que je n'en ai trouvé aucun, non feulement qui pût être mis en parallele, mais même qui foutînt le plus léger examen.

Dira-t-on, par exemple, que du moment que cette loi fera en vigueur il n'y aura plus aucune partie qui ne veuille, pour le plus léger intérêt, interroger le comité de Jurifprudence, & provoquer le jugement qu'il doit rendre gratuitement? Qu'ainfi, il fera plus occupé que tous les Tribunaux à la fois? Je répondrai à ceux qui le diront: vous n'avez aucune connoiffance des hommes, aucune teinture des affaires, aucune idée enfin de cet *efprit de contention*, qui, depuis plufieurs fiécles, trompe le vœu de nos Rois, occupés à chercher *tous les jours de nouveaux moyens pour empécher la naiffance des procès, & fitôt qu'ils font mûs, les éteindre.*

N'a-t-on pas depuis Louis XII la voie des compromis? (1) Voyez-

---

(8) Voyez Ordonnances de Louis XII, de 1510, de François II de 1560, & de Louis XIII de 1629.

vous pour cela les Tribunaux déferts?
Ceci n'eft-il donc pas une forte de
compromis? Si la réfolution du doute
préjuge quelque chofe, la crainte
de l'évenement arrêtera plus d'une
fois ; s'il ne préjuge rien, qui eft-
ce qui voudra payer le peu de frais
qu'occafionnera cette efpece d'incident préparatoire, fans efpoir de les
recouvrer, fans aucun fruit pour lui-
même ? Enfin les Cours feront avant
tout, Juges de l'intérêt général de
la queftion, Juges de l'intérêt particulier que l'on aura à la faire décider:
& je maintiens qu'à peine on verra
dans une année dix à douze queftions renvoyées au comité de Jurifprudence. Soyez donc bien raffurés,
vous qui craignez de voir tarir la
fource des procès ; laiffez-moi me
foulager de la cruelle impreffion de
toutes les miferes dont je fuis témoin, par la confiance que l'on
ouvrira un jour les yeux fur ces dé-

fordres, & que fi la lice du Barreau n'eft pas alors moins fréquentée, les droits des citoyens n'y feront du moins plus livrés à l'arbitraire.

La raifon de finance , (le plus puiffant de tous les argumens dans ce fiecle ,) ne devroit pas fans doute prévaloir fur des vues auffi importantes au bien général , quand cet établiffement pourroit l'inté-reffer en quelque chofe ; mais j'en ai dit affez pour faire voir qu'il ne di-minueroit jamais fenfiblement le pro-duit des droits affectés fur les actes de procédure , qu'il ne fera qu'en rendre la perception & la réparti-tion plus juftes , parce que , c'eft une forte de confolation lorfqu'on voit un malheureux , de pouvoir dire : *fibi imputet*, de n'être pas réduit à le plaindre uniquement , en accufant ou le fort , ou fes concitoyens ; con-folation d'autant plus douce , qu'elle fe réfléchit fur nous-mêmes par la

confiance de n'être point expofés à
la même infortune. Au furplus , y
eut-il quelque réduction dans ces
produits, il ne feroit pas difficile,
fans doute, d'en retrouver ailleurs
la compenfation ; & , comme de
tous les impôts, il n'y en a point
de plus terrible que celui qui ôte cent
à un particulier , pour produire au
plus dix à l'Etat , les parties y gagne-
roient encore par la ceffation d'une
confommation forcée & inutile.

Je ne crois pas devoir m'occupper
ici de ce que l'établiffement pourra
couter lui-même à l'Etat ; fi l'on demande qui eft-ce qui payera dans
chaque reffort ces Jurifconfultes ,
occupés à préparer, à délibérer les
réfolutions des queftions de Jurifprudence , ma réponfe eft toute
fimple : ou l'honneur a encore quelque prix parmi nous, ou il n'en a
plus. Dans le premier cas, il fera le
jufte falaire d'une pareille fonction ;

dans le fecond, on rira de mon projet, on me renverra à ce que j'ai dit
moi-même ailleurs, (1) d'après le Duc
de Sully: *les bonnes mœurs & les bonnes
loix fe forment réciproquement ;* on me
renverra à ce qu'Horace avoit dit
avant lui: *quid leges fine moribus vanæ
proficient ?* & l'on aura raifon. Parler
de réforme dans un gouvernement
qui en eft à ce point, c'eft propofer le
régime à un agonifant, dût-il prolonger de quelques inftans l'illufion de
fon exiftence, il n'en vaudroit pas
la peine. Mais ne feroit-ce pas un
crime de défefpérer auffi-tôt, & de
déclarer nos maux fans remede ? Y
a-t-il donc fi long-temps que l'on a
vu tous les Magiftrats du Royaume
s'affembler au premier figne du chef
de la Juftice, former des comités
choifis pour agiter, difcuter, approfondir les matieres fur lefquelles il

(9) Mem. fur l'éducation publique, § I.
pag. 11.

méditoit de nouvelles Ordonnances?
Ceux qui n'ont pas été témoins de
leur zèle , de leur activité , de leur
veilles dans cette occasion , peuvent
en chercher les traces dans les pro-
cès-verbaux de ces assemblées ; ceux
dressés en conséquence par le Parlement de Bourgogne , pendant les
années 1728, 1729 & 1730, forment
une suite de résolutions claires &
précises , rapprochées des loix & des
usages , & fondées en raison ; aussi
y a-t-il bien peu d'Avocats qui ne
se soient empressés de se les procurer en manuscrit, & qui n'y recou-
rent avec la plus grande confiance ,
pour la décision de toutes les questions qui ont quelques rapports aux
matieres qui y sont traitées. (1) On
ne fit pas cependant à ces Magistrats
un traitement particulier pour ce sur-

_____

(1) On les cite tous les jours au Barreau,
sous le nom de *Réponses des Commissaires
du Parlement.*

croit de travail ; ils s'en trouverent affez payés par l'honneur qu'ils re- çurent de la confiance du Souve- rain & du choix de leur Compagnie. Le comité dont je propofe l'établiffe- ment ne leur impofera d'autres obli- gations que celles qu'ils remplirent alors , elles feront feulement moins continues , par la rareté des occa- fions, & le falaire leur paroîtra aug- menté de la portion d'autorité que recevront leurs décifions , & du bien public qui en réfultera. Quel- que foit l'état actuel des mœurs de la nation , ces biens ont encore une valeur réelle aux yeux des Magif- trats ; il n'eft pas poffible que le même homme foit témoin de deux époques auffi différentes , & je vois encore deux des Sénateurs qui ont affifté à ces comités de Jurifpruden- ce (1).

_____

(2) M. de Minot , M. de Beneuvre.

En ce qui concerne les Avocats ; n'y a-t-il pas encore aujourd'hui dans plus d'une ville de Parlement des conférences fur le droit ; quand elles auroient ceffé par-tout de fait, par une fuite du dégoût que ne peut manquer de répandre fur une fcience, l'incertitude de fes principes, elles exiftent encore dans le vœu de tous ceux qui aiment fincerement la Jurifprudence, qui fentent toute la nobleffe de leur profeffion ; il ne faut donc pas douter qu'ils ne reprennent avec empreffement un travail qui ne fera différent à leurs yeux que par l'utilité plus générale qui en réfultera, que par la diftinction flateufe qui le leur aura confié, que parce qu'il exigera fûrement moins de leur application, que ce que le zèle leur commandoit ; il n'y en a point enfin qui ne comptent pour beaucoup & l'avantage de pouvoir acquérir déformais une fciencé mé-

thodique & folide, & le temps qu'ils
ne feront plus obligés de perdre à
entaffer fans ceffe de nouvelles décifions, fans efpérance d'en devenir plus fçavans.

Au furplus, il me fuffit d'écarter
ici toute idée de furcharge pour les
finances, ce n'eft point à nous à
mettre des bornes à la munificence
du Souverain ; quelques penfions
accordées à ceux qui fe feroient dif-
ftingués dans ces fonctions, fuffi-
roient pour entretenir l'émulation,
en offrant à tous la perfpective de la
même grace quand ils l'auroient
méritée, & il n'y a nulle proportion entre le peu qu'elles coute-
roient à l'état & les avantages infinis
qu'il recueilleroit de cet établiffement.

TROISIEME DISPOSITION.

LA diverfité des opinions qui
naiffent tous les jours des mêmes

principes, exige encore une troifieme difpofition dans la loi, qui
doit maintenir l'uniformité de la
nouvelle Jurifprudence ; on auroit
en vain travaillé à l'établir, fi l'on
ne prenoit de juftes précautions pour
en affurer le fruit. Que l'on donne
aujourd'hui la même Coutume, le
même ftatut à toute la France, il ne
fe paffera pas dix ans avant que vous
n'entendiez dire dans les Tribunaux :
telle province a préféré telle inter-
prêtation de cet article, on en fuit
une différente dans tel autre reffort ;
chacun abonde dans fon fens, le défend & le juftifie ; celui - ci s'attache
fcrupuleufement à la lettre, celui-là
fe rend maître de l'efprit du ftatut ;
un troifieme propofe une nouvelle
réfolution, dont il va chercher les
motifs dans un autre chapitre ; ce ne
font cependant encore que les premieres conféquences, ce ne font
que les premieres branches qui s'at-
tachent

www.ingramcontent.com/pod-product-compliance
Lightning Source LLC
Chambersburg PA
CBHW070236200326
41518CB00010B/1580